天晴れ！・常次郎

明治男の仁・義・愛

泉　五郎

はじめに

これは私が父の自叙伝その他の記録を基に、父常次郎の一生を書いたものです。

私にとって、父常次郎はその豪傑さ、そして気遣いの繊細さ、どれをとっても〝明治の男〟そのものでした。

日本の近代が始まる明治という名の時代、そこでは維新の立役者だけで無く庶民も皆生き生きと暮らしていたのでしょう。そんな時代に生まれた常次郎は、時代と共に自分の人生を開拓していきました。或る時は豪快に大胆に、或る時は慎重に細やかな心遣いを持って人やものに拘《かか》わってきました。

この伝記を公にすることは、ある意味我が家の恥を世間に曝すようなことになりますが、平成の世となった今、大正生まれの息子が〝明治の男〟の生き方を懐しむだけでなく、どん底から這い上がる生命力の強さや、家族郷里を愛することの大切さを常次郎の子々孫々だけで無く、市井の方々に知っていただきたいのです。

明治から大正・昭和を経て平成と続く時代という時間。今後はますます複雑な人間関係の世となり、明治の頃の単純さでは解決できないことも多々あるでしょうが、人間の根底にあるものは不変なのではないでしょうか。そんなことを思いながら、ご高覧賜れば幸甚の至りと存じます。

【主要登場人物の係累】

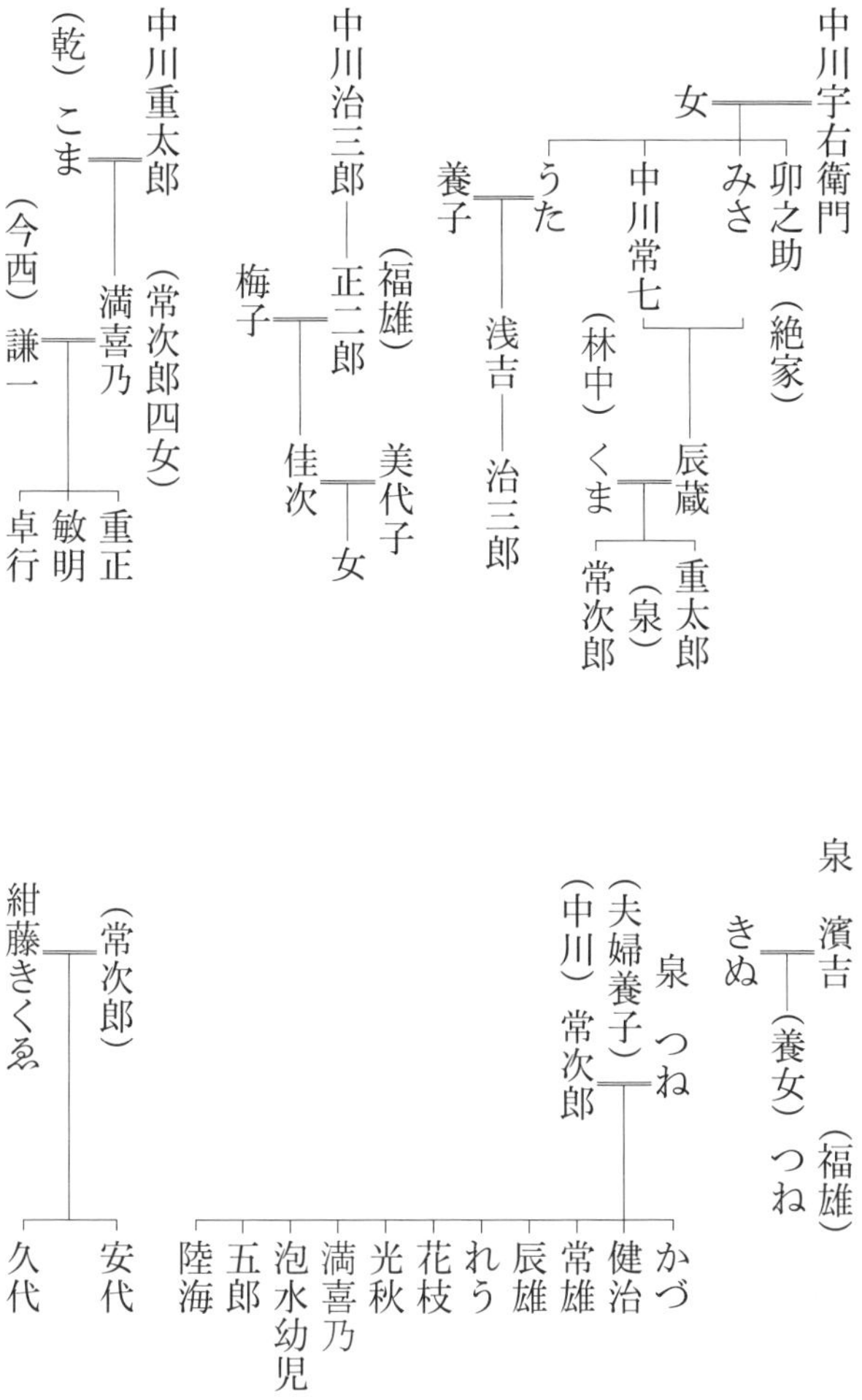
中川宇右衛門
女
卯之助（絶家）
みさ
中川常七
うた
養子
辰蔵
（林中）くま
重太郎
（泉）
常次郎
浅吉
治三郎
中川治三郎
正二郎
（福雄）
美代子
梅子
佳次
女
中川重太郎
（常次郎四女）
満喜乃
（乾）こま
（今西）謙一
重正
敏明
卓行
泉　濱吉
きぬ
（養女）つね
（福雄）
泉　つね
（夫婦養子）
（中川）常次郎
かづ
健治
常雄
辰雄
れう
花枝
光秋
満喜乃
泡水幼児
五郎
陸海
（常次郎）
紺藤きくゑ
安代
久代

目次

一、独立への道

日露戦争を挟んで

葺合の人殺し（神戸又新日報）
明治三十五年十一月五日

天長の祝日に白昼、血の雨を降らしての人殺沙汰とは、憂てき事の限りなり。事の仔細は同日午後二時頃、市内葺合北本町二百十二番増田音次郎方の座敷にて、吾妻通六丁目三百十五番、通称桑津の辰こと中川辰造（四十七）と云ふが、武庫郡芝村九番当時北本町三丁目に住む、丹公こと柴田宇之助（卅九）と云ふに、一尺五寸位の刀にて斬殺されし顛末を記さんに、右両人は博徒仲間で相当に顔の知れた親分株なるが、去二月中加害者宇之助は、被害者辰造に金十円を貸して呉れと頼みし、辰造は今現金は四円より無ければ、不足の所は蒲団で貸して遣ろうとて、金四円と大蒲団三枚とを快く貸して遣りしに、宇之助は借りて返りし後、蒲団は小野柄通四丁目二十一番に住む、通称ランプ事丹波きみ（卅二）と云ふを頼み、北本町の質屋大串虎之助方へ、六円に入質して十円の金を手に入れしが、その後辰造は蒲団と金を返して呉れと、再三請求せしも更に返さぬにより、辰造も立腹して居たりしに、一昨朝辰造と、質の使いをなせしおきみの二人が道にて出逢ひし、辰造はおきみに向ひ彼の蒲団の事を云ひ出し、且、「宇之助よりの断り文句も聞飽きて居るのだから、今度と云ふ今度は四の五は云はずに、キッパリと返して仕舞へ、お前も仲間では相当顔を知られて居る者だろうから、顔にも拘るであろう」、と云ふて呉れと、云ひしにぞ。

おきみは直ぐその足で同附近の、通称おぐり事石川おくま（卅二）と云ふ、宇之助の妾の宅へ行つた所、都合よく宇之助も来合し居たれば、其由云ひ伝へしに、宇之助は立腹し、一方の辰造はおきみに別れて後、北本町六丁目二百十二番増田音二郎方へ立寄りし、賭博が始まつて居るにぞ、自分もその場に加はつて正午十二時頃迄勝負をなし、少々儲かつたので喜んで我家に帰り、天長節の事とて妻のお何に酒を買はせ、快く昼食を終り横に寝転びながら、お何と四方山の話して居るうち、お何もうつらうつら眠りに就きしにより、辰造は相手なくて淋しいので再び起上がつて表に出で、隣家で遊んで居た娘のお何に、家に気を付けて居れと云ひ置き、又もや増田宅へ行く途中、パッタリ宇之助と出逢ひしが、其際宇之助は、能くも俺の面へ泥を塗る様な事を云つたなどと云ふより、辰造も黙つて居ず。「貸した物の請求をするに何が気に入らぬのだ。癪に障つたら男らしく綺麗に払へ」と遣り込めしに、宇之助はクヮッと立腹し、辰造を白眼付けながら、「月夜ばかりはねえからさう思つて覚えて居ろ」と云ひ放ち立去らんとせしが、辰造は「生意気な事を吐かすな」とて、其のまま増田方へ行つて、他の者等数名と賭博をして居りしに、宇之助は彼方へ立去ると見せ掛け置き、窃かに辰造の跡を尾けて、増田方へ入りしを見定め置き、宅へ帰りしに、妻のおせいと云ふが近処へ出て不在なりしかば、其間に仕舞いありし一尺五寸位の白鞘の刀取出し、懐中に隠して増田方へ取つて返し、裏口より忍入つて見たるに、辰造は賭博に夢中に成つて居る処なれば、声をもかけず背後から、真二ッになれと振下ろす一刀に、辰造は後頭部より前顎に掛けて斬込まれ、尚、其他面部首筋等数ヶ所の重傷を負はされ、其場にパッタリ打倒れしまま息絶えたり。
此騒ぎに傍に居合せし大勢の者等は大いに驚き、「人殺し　人殺し」と叫びながら表に逃出せしが、宇之助は辰造の息絶えしを見澄まして、何処かへ逃走せんと立ち居たるも、次第に集り来る大勢の者等が皆々、「人殺し　人殺し」と叫び立つるより、最早逃げる事が適はぬと断念し、血刀を引提げしまま、程遠からぬ神戸署山田刑事の居宅へ自首して出でしが、山田刑事は用事ありて鷲野刑事宅へ行きて不在なりしも、早くもそれと感知して、山田鷲野の両刑事を初め他の刑事等も、其処へ駈付け宇之助を取押へ引致せしが、例に依つて裁判所より樋山予審判事、県立病院よりは野口医師出張して、仮予審を神戸署楼上で開きて後引上げ、加害者宇之助は昨日検事局へ護送せり。被害者辰造の死躰は取調べの上、妻お何に引渡されしと。

右の一文は、明治三十五年十一月五日、「葺合の人殺し」という見出しで神戸又新日報に掲載されたものである。文中辰造こと、本名中川辰蔵には二人の息子がいた。兄は重太郎、弟常次郎、共に前妻、林中くまとの間に生れた子である。

以下、この記録は辰蔵の孫が、父常次郎の自叙伝をもとに、物語風に書き改めたものである。

痛恨の悲劇

辰蔵が殺された時、常次郎は十九才、と言っても今風に言うと十八才半ばである。常次郎はこんな辰蔵を心底、敬愛していた。事実、常次郎は、自分の子供たちにも、辰蔵のことを褒めることはあっても、絶対に悪口は言わなかった。本来なら、生母を離別し、嫌な継母と暮らしていた父辰蔵である。

この辰蔵のことを常次郎は、人となりは智勇兼備にして猛々しき反面、情に脆く、義侠にして自制心に冨み、人に将たる器であったと、自伝にも記している。将は将でも、客観的に見れば、極道者の親分に過ぎない。しかし、常次郎には男の中の男のように思えた。それほど敬愛した父だから、その横死を空前絶後の大悲惨事と感じたのも無理はない。

常次郎は辰蔵の死を、「天涯孤独、正にこの天下におのれ独り、無一物でとり残され、木から落ちた猿か、陸に上がった河童のような絶望的な気分になった」と述懐している。実の母親も居るし、兄重太郎も居るのだから、天涯孤独とは妙な表現だが、とにかく常次郎はよほど落胆したのであろう。

真っ当な仕事に就く事は、かねてより父辰蔵の望むところでもあり、僅か十二才の春、大阪で丁稚奉公に入ってから七年。紆余曲折に挫折を重ね、漸く自立への展望が開け始めた矢先の出来事であった。

常次郎幼少の頃

その七年の間、常次郎は何をしてきたのだろうか。十二才と言っても、当時は数え年だから、今なら小学校五年生という訳である。その年で大阪へ飛び出し、丁稚奉公を始めた。それにはそれなりの訳もあった。

辰蔵も己の所業に些かの反省があったようで、倅共には絶対己の轍を踏ませたくなかったのである。しかし長男の重太郎はなかなか辰蔵の思うようにならない。一方、何とかまともに生きようとしている次男常次郎の方には、おのずと期待していた。

辰蔵は常々、才気もあれば、侠気もある、己に似て豪気なところもある常次郎だけは、何とか人から後ろ指を差されないよう立派に育てたいと考えていた。それには継母のもとで嫌な思いをさせるよりは、他人の飯を食わせた方が、ましかもしれないと考えたのであろう。

また、常次郎には、早く堅気の職に就かせたいと考えていた。別に金に困って口減らしをしようと考えていた訳ではない。この辺り、氏より育ちというか、辰蔵自身も後家育ち、家運衰退で親類縁者にも恵まれず、おまけに一人っ子で、野生そのままの荒くれ育ちである。

常次郎実の母親くまとて同様の境遇で、両者とも、身の回りには「学問の奨め」というようなものが全然無かった。当然、常次郎に勉学させようという考えもなければ、常次郎本人もあまり意識しなかったようである。今の時代の尺度では到底考えられない事ではあるが、義務教育の制度すら完全といえない当時としては、さほど珍しいことでもない。

後になって常次郎は仏教に傾倒し、小学校は僅々四年足らずの学歴に拘らず、仏教にもひとかどの見識を持つようになった。隣近所の人や親類縁者から、生臭坊主のお経やお説教よりも、常次郎の話や読経の方がよいと、有難がられるくらいになったが、その頃には勉学のことなど全然念頭にない餓鬼大将であった。

そして明治二十九年の春、家庭生活によほど腹に据えかねたことでもあったのか、或いは日頃の鬱憤に耐えかねてのことか、数え年僅か十三才の子供が家出して大阪へやってきた。相当の向こう見ずである。

簡単に大阪へと言うが、当時、常次郎の生まれ故郷三田《さんだ》から大阪へ出かけるのは大人でも大仕事である。何しろ川辺馬車鉄道、尼崎池田間が開通したのが明治二十三年。それが延伸して阪鶴鉄道、後の福知山線となり、三田まで開通したのは明治三十二年のことである。したがって、その頃池田までは徒歩しかなかった。

今は六甲の北側を高速道路が開通しているが、その頃三田から宝塚まで、この険阻な山道は大の男でも相当な難所であった。辰蔵が荒くれ人足を使ってやっていた運送稼業の、荷車にでも便乗して行ったのであろうか。恐らく着のみ着のまま、碌な旅支度もなく、勿論蓄えの金など考えられない。

その時の駄賃でも横取り出来たかどうか。三田の田舎からポッと大阪へ出たものの、常次郎にこれというあてなど有る筈はない。辰蔵が博徒に成り下がるまでのことはさておき、当時でも既に相当名の知れた親分になっていた辰蔵である。常次郎が頼ろうと思えば、頼るところはいっぱいあったが、常次郎の偉い点はこの辰蔵の縁に、一切頼ろうとしなかったことである。

常次郎の飛び込んだのは、その頃大阪の町に沢山あった口入屋である。所謂《いわゆる》街の職安である。ところが世の中そうは甘くない。口入屋もお得意様の店に世話するには、何処の誰とも知れない者は困る。確かな身元引受人が居なければ駄目だと言う。何処の口入屋も同じこと、途方に暮れた常次郎であったが、必死で泣きつく常次郎を憐れに思ったのか、一軒の口入屋が引き受けてくれた。見ず知らずの他人を引受人にして、或る奉公先に世話してくれたのである。

大阪東区上塩町の浜田屋という醤油屋であった。醤油を商う傍ら、鮨屋も営んでいた。何とか屋根の下には寝られるようになったが、丁稚小僧だから朝から晩まで働き詰め。鮨の飯炊きから出前配達、勿論醤油の配達もある。醤油は徳利もあれば樽もある。今のように売りっ放しでないから、回収した樽や徳利は洗い直して何度も使う。

雪の日や　あれも人の子　樽拾い

という句がある。雪の日に用済みの樽を集め、冷たい水で洗う子供の不憫さもさることながら、昔の樽といえば一斗樽から四斗樽。四斗樽は大の大人でも扱うのは大変である。一斗樽でも優に二十キロは超える。縄が掛かっていてもなかなか持ち難い代物である。

そうこうするうち、どうして居場所が判ったのか、帰ってくるよう家から若い者が何度も迎えに来た。それでもなかなか帰ろうとしない。帰ってこない常次郎が不憫になったのか、最後は辰蔵が自分で迎えに来た。しかし常次郎はこれを断った。父辰蔵が自分で迎えに来てくれた時は、嬉しくて内心溢れ出る涙を必死で堪えたが、常次郎の決心は変らなかった。

もともと堅気の職に就くよう言ったのは辰蔵である。常次郎の決心が変わらないのを見て辰蔵も諦め、しっかりやるよう言い聞かせて帰ったが、辰蔵も心の内は後ろ髪を引かれる思いであったろう。

しかし、常次郎にも、醤油屋のこんな馬鹿々々しい仕事が続く筈はない。大阪で暮らすうち、町の様子も少しは判ってきた。もっと自分の性にあった仕事はないものかと、半年余りのうちに酒屋二軒、足袋屋、袋物屋、紙屋と転々とする。二軒目の酒屋は最も酷かった。天王寺の北、高津神社の表門筋で主人は大和五所の出である。

今時、大和の茶粥と言っても知る人は少ない。或いは今の人がたまにスープ代りに、少しばかり口にするのは結構かもしれないが、これには常次郎も閉口した。正に口には入れたくない。閉口するという言葉は大和の茶粥から始まった、とでも言いたいくらいの代物である。

この大和の茶粥と言うのは、番茶の粉を焚きだし、その汁で作ったお粥である。お粥といっても米の姿を見ることは殆ど不可能、米粒をパラパラと入れ、これをトロトロに煮込んで塩味をつけたもの。つまり米と番茶のポタージュスープと思えば間違いない。だから、食べるというより飲むという方が当たっている。奈良の商家の代表的なメニューの一つである。その代わり何杯飲んでもよいのだが、この酒屋では、朝から晩まで三度三度の食事がこればかり。おまけにちょうど夏の頃、朝は茄子の塩漬け半分、昼は茄子の丸焼きが一つ、夜は又もや茄子の塩漬けが半分、これでは食べたい盛りの子供がもつ筈がない。

仕事は前の醤油屋より酷かった。中でも酒の配達は馬樽が主である。馬樽というのは四斗樽のことで、酒だから醤油よりは僅かに軽いが、それでも四斗樽（七十二リットル）となれば八十キロは優にある。これを捌くには相当な熟練と体力が必要で、到底子供の手には負えない。

積み下ろしは大人に手伝ってもらったにせよ、これを荷車に積んで行くのもなかなか大変な仕事で、半里や一里はざらである。しかも樽一丁ならまだしも、時には二丁三丁の時もある。大阪の町中だから、さほどきつい山坂は無くても、今のように舗装がしてある訳ではない。しかも夏の暑い日、炎天下の荷車引きに、忽ち汗が吹き出してくる。茶粥と茄子のおかげで、汗の素だけは充分だから、汗は噴き出す腹は減る。茶腹は忽ちペコペコになる。

そんな大阪の町にも善根を施す篤志家があった。道行く人の為、軒下に茶釜を据え、炭団《たどん》（炭の団子）で沸かした湯茶を自由に飲ませてくれるのである。茶碗は勿論、小皿には塩、時にはゴマ塩のこともある。

この時代、まだまだ貧しい日本の社会であったが、嬉しいことに湯茶の他に、一文銭の施しまであった。小板に何本も打ち込んだ釘に、一文銭が差し込んである。乞食や諸国巡礼の信者の他に、よくよく金に困った者は誰でも、黙って頂戴することが出来た。こんな篤志家が大阪の町にはあちこちにあった。但し頂戴するのは一人一枚限りという掟である。

人間不思議なもので、頭から信用されると、これに背くことはなかなか出来ないようである。今も田舎の道端などで、農作物などの無人販売が時たま見受けられるが、日本ならではの嬉しい風景である。

常次郎は配達途中の、こんな一杯の湯茶、一文の恵みが有難く、その家の前は手を合わせて行き来した。年老いてからも、この時の有難かった事を思い出して、感謝の気持ちを忘れなかった。明治の日本は、まだこんなに心だけは豊かな国ではあったが、この一文にどのくらいの値打ちがあったのだろうか。

日清戦争後も貨幣制度の整備はなかなか思うに任せなかつた。当時なお通用していた一文銭というのは、恐らく寛永通宝と思われる。銭貨に換算して一厘程度のものである。　十厘が一銭、百銭で一円、米一升が十五銭から二十銭、酒一升が十三銭から二十五銭という時代である。駄菓子の一つも買えたのであろうか。

それにしても、当時の丁稚小僧というものは誠に憐れなものであった。商家も盆暮れ以外は年中無休。お給金はほんとに雀の涙。もっとも一日十五日だけは、夜は早仕舞いして、それなりの御馳走で店の者をねぎらうしきたりであった。

ところが、この酒屋の御馳走というのは、何とうるめ鰯の干物が一枚、と言いたいところが、たったの半枚。小遣いも一日十五日にたったの一銭あて、月に二銭という計算になる。他に多少の給金が出たのか判らないが、推して知るべしである。なんぼなんでも、これでは勤まらぬ。二月ももたずに鞍替えした。

最後は葉茶屋である。主人が中井福三郎というお茶屋さんに住み込むことになった。男の子が一人いたが、主人は四十半ば、数年前に女房を亡くし、女中が家事を切り盛りしていた。切り盛りといえば体裁はよいが、この女中、河内は道明寺天満宮神官の娘というに、全くの薄のろで飯炊きがせいぜい。手代は徳島生れの二十一才、もう七年も住込んでいるというのに、薄ぼんやりの役立たず。

店は結構な老舗で商売は忙しかった。商いもなかなか面白く、常次郎もここに腰を落付ける気になった。利発で働き者の常次郎は、忽ち主人に気に入られ、「常どん常どん」と可愛がられた。

或る時、宇治から茶を満載した三十石舟が着いた。当時水の都大阪の、最大の輸送機関は何と言っても舟である。店は心斎橋や道頓堀にも程遠からぬ九之助橋のほとりである。普段、荷物は仲仕が積み卸しするのだが、どういう訳か仲仕の手配がされてなかった。主人は留守で手代は里帰り。悪い時には重なるもので、生憎の雨模様に船頭は、早く荷物を下ろしてくれとせきたてる。仕方がないので常次郎は、薄のろの女中に店番をさせ、六十五俵の茶俵を独りで荷揚げした。

この茶俵というのは米の四斗俵より一回り大きい五斗俵、お茶だからお米よりは多少軽いが、ぎっしり締込んであるから、どう考えても二十キロはある。二十キロといっても、大きさは、常次郎の体より遥かに大きかったであろう。この俵を背中に、初めての川仲仕の仕事である。舟は揺れるわ道板は狭い、荷物はぐらぐら持ち難い。必死の思いで小半日、この時の無理がたたったのか、常次郎は生涯体調の悪い時には、背中の痛みを覚えるようになる。

主人は帰宅後、大変吃驚《びっくり》もし、感心もしてくれた。どうもこの頃から主人は株に心が奪われ、家業の方は気もそぞろ。仲仕の手配を任せていた手代の里帰りも忘れていたようである。

宇治から三十石舟で荷をひくくらいだから、お得意さんも沢山で、店の商いも結構忙しかった。愛想の良い方ではないが、何となく人好きのする常次郎は、お客の評判も良く、常次郎自身も商売に身を入れた。面白くなって一生懸命に働く常次郎にすっかり惚れ込んだ主人は、薄ぼんやりの手代はやめさせ、半年も経たないうちに店の仕事は、あらかた常次郎に任せるようになった。

当然給金も上げてくれるし、我が子同様可愛がるようになった。常次郎も益々身を入れて働くので、安心した主人はいよいよ株の方へのめりこんだ。しかし、株は魔物である。真面目にやれば決してガタの来るような店ではなかったのに、相場で大負けした主人は借金がかさみ、とうとう差し押さえをくらう羽目になってしまったようである。

ちょうど主人の留守中に執達吏がやってきた。これから家財の差し押さえをするから、差押承諾書に名前を書いて判をつけと言うのである。常次郎は、

「主人が留守なのでそんな事は出来へん」と断った。

「主人が留守でもこれはお上のご用や。主人が居れば当然判をつかならん。小僧のお前がついても決して罪にはならんから、さっさと判をつけ。言うこときかんと牢屋に入れられるぞ」と脅かした。

執達吏の手にしているのは、差押物件と朱書きされた紙札である。こんな物をあちこち貼られては、店の信用は忽ちガタ落ちである。子供でもこれは尋常でないと覚った常次郎は
「私は留守番をしているだけだから、留守中主人の首に縄をかけるようなことはでけへん」と言って、頑として判をつこうとしない。

小僧と思って舐めてかかったが、なかなか言うことをきかない常次郎に業を煮やした執達吏は、

「ほんなら本当におまわりさんを呼んでくるぞ」と本気で怒るが、

「そんなもの貼りたければなんぼでも貼ったらよいがな、あんたが帰ったら、みんなわいが引っ剥がしてしまうわい」と常次郎も負けてはいない。

「そんな事したらほんまに牢屋に入れられるぞ」と脅かしても、

「わいみたいな子供でも、牢屋に連れて行くんかいな」と言い返す。

餓鬼だと馬鹿にしていた執達吏も、ほとほと呆れかえって
「こんなてこい丁稚は見た事ない」とぼやきながら帰ってしまった。

ほどなく帰宅した主人は、事の顛末を聞いて、吃驚するやら頼もしがるやら、よほど嬉しかったとみえて、後日道頓堀まで連れて行って、御馳走を食べさせたり、芝居見物もさせたり、実の子のように常次郎を可愛がった。

しかし相場で失敗したつけは容易には取り戻せず、とうとう店は人手に渡ることとなった。一年ばかりであるがこの店で働いた常次郎は、お茶の商いがあらかた判ったような気になっていた。相場などやらずに真面目にやれば、この俺でもきっと儲けられると思い、父親の辰蔵に相談した。相当な自信家か、自惚屋である。店の値段は五百円である。

辰蔵にそんな大金が工面できたかどうかは判らないが、いずれにせよ十五や十六の青二才が、商いの都大阪のど真ん中で、店を張って商売をやりたいと言うのには、流石の辰蔵もうんとは言いかねた。そんなことでこの話はお流れになってしまった。もっとも、この店を買ってくれと言う方も言う方である。ひょっとしたら買ってくれるかもしれないという、甘えが

常次郎にあったのだろう。そして、或いはこれが後日東京へ出奔する引金になったのかもしれない。

店を手放した主人のほうは、順慶町の親戚の離れを借りて、相変わらずの北浜通い。子供は常次郎に面倒みさせて、何とかもう一旗揚げようという魂胆である。主人はうちの養子になれと言うくらいで、我が子同様可愛がってくれるが、常次郎には子供のお守など、到底性に合わない。

もともと負けん気も強いのが、大阪へ出て揉まれたものだから、少々楽でもこんなぬるま湯に漬かったような生活は我慢がならない。そのうち、この順慶町の親戚の番頭で二十五、六の男と仲良くなった。そして、主人には悪いと思ったが、この男と共謀して、東京へ出奔することになる。

東京での生活

その経緯については、常次郎は語りたがらない。やり方があまりにもませていたからという訳だ。或いは一芝居打って辰蔵から、ある程度の金をせしめたのかもしれない。常次郎も評している通り、辰蔵には、情に脆いところがあり、殊に家を出て健気に頑張っている常次郎には、どうも甘いところがあったと思われる。

常次郎が十才も違う男とどんな付合い方をしたのか、対等に付合うなど普通なら考えられないが、お互いの思惑と、性格的に馬が合ったのであろう。この男の知合いで、四十近いという大学出の香川県人だけを頼りに、東京へと出た。相変わらずの向こう見ずである。

新橋駅に降り立った二人は、とりあえず当時駅の南、芝口町に沢山あった宿屋の一軒に泊まることにした。後にも先にも頼りになるのは、番頭知合いの男だけである。早速番頭が、先ずこの知合いの男の住所を訪ねたら、最早其処には居ないと言う。何でも深川の遊郭は本金楼という女郎屋の帳場で働いていると言う。

何ともお粗末な話である。当時学士様と言われたほどの四十男が、このざまでは到底頼りにならぬと判ったが、さてこれから先の当てはない。仕方がないので差し当たりこの宿を塒《ねぐら》にすることにした。値切り倒して三食付き、一日一円五十銭。普通の半額以下で話はついたが、食い物が酷い。以前働いた高津表門筋の酒屋ほどではないにせよ、三度々々が同じものには忽ち閉口した。江戸と浪速では味付けも違う。只で食わせてもらう訳ではないので、食い倒れの大阪から来た身には我慢がならない。これから先の当てがある訳でもないので、早速下宿探しをはじめた。

幸い芝琴平町の裏町に小奇麗な二階座敷が見つかった。家主はチャキチャキの江戸っ子で、きっぷのいい車夫である。蒲団も用意してくれれば、食事も先の宿屋よりはるかにいいものを出してくれる。それでいて下宿代は月に六円五十銭、何より家主が色々親切にしてくれたのは吃驚した。
事情を聞いた家主にしてみれば、こんな餓鬼のような子供が、生き馬の目を抜くと言われた花のお江戸で、一旗揚げようというのだから、心配するのも当り前である。毎日ぶらぶら出かけるが、一旗揚げるどころか働き口すら見つかった様子もない。それもその筈、大阪なら伊丹や三田はまだ土地勘もある。だが東京では全く様子が違う。東京へ来れば大阪者は上方贅六（ぜえろく）である。本人は足を棒のようにして歩き回るが、口入屋でもなかなか相手にして貰えず、一月も経つうち、そろそろ金も心細くなってきた。

とうとう思い余って家主に相談することにした。家主は常次郎の様子を見ながら、やきもきしていたのであろうか、早速働き口を世話してくれた。近所の今入町で岡本という紙文具店に、住込みの丁稚奉公である。

ここの主人は下総の国、佐原の人であった。伊能忠敬で有名な佐原は、水の都大阪同様、江戸時代から利根川の水運で栄えた商業都市である。大阪仕込みの丁稚なら大歓迎ということで、早速ここに住込むことになった。

ところが、真先に困ったのは言葉である。歯切れは良いが単純で少々荒っぽい江戸っ子弁と、ねっとりと含蓄に富む大阪弁とではまるで違う。東京へ来れば大阪弁は糞味噌で、馬鹿にされること甚だしい。郷に入れば郷に従えという訳で、早速江戸っ子弁の耳学問、三ヶ月も経たぬうちに不自由はなくなった。

働き者の常次郎である、忽ち主人の信用を得て、別に親戚の関係する日比谷の警察監獄学校内の売店を任されることになった。といっても他に店員は古手で年上の男が一人だけである。この学校は恐らく現在の警察大学校の前身のようなものであったと思われるが、研修のため大阪島之内警察の主席警部がやってきた。

同じ大阪から来たというだけでもあるまいが、この人が大変常次郎を気に入って贔屓にしてくれた。休みの日にはその家にでも遊びに行ったのであろうか。その家には奥さんの妹のご主人が、二階に同居していた。この人がまたどういう訳か、常次郎のことを大変気に入ってくれた。熊本県出身で、三井物産の結構な地位の人のようであった。

この小僧は見込みがあるから、来年年度始めに三井物産に世話してやろうということで、岡本の店の主人にも了解を得てくれた。当時物産の社員といえば超一流の月給取り、世間では一目置かれるエリートである。給仕として入っても、そんじょそこらの丁稚小僧とは一寸訳が違う。常次郎も大いに喜び、その時が来るのを楽しみに、懸命に励んだ。

しかし、人生そうは甘くない。正月も過ぎた或る日、「チチキトクスグカエレ」の電報が舞い込んだ。そして電報為替で五円の旅費まで添えてある。常次郎には、ピンときた。どうもこれは嘘臭いと感じた。どうしようかと思い悩んだが、父危篤というのに帰らない訳にはいかない。大阪の時といい東京の時といい、出奔の事情が事情である。常次郎には父辰蔵に申訳のないことをしたという負い目もある。

帰ったら多分また東京へは来られまいと思ったが、世話になった皆さんには、訳を話してとにかく帰ることにした。一旗揚げるどころか、旗を捲いて帰ることになった常次郎の人生は、これによって大きな方向転換を強いられることになる。

常次郎の失踪以来、辰蔵は辰蔵で八方手を尽して探したが、まさか東京までとは思いも及ばなかった。それがばれたのは、以前から常次郎を可愛がってくれていた辰蔵の知合いに出した年賀状から、あっさり脚が付いたのである。この人にも勿論辰蔵は、心当たりがないか訊ねていたに違いない。

しかし、すぐに帰ってこいと言うあたり、辰蔵の愛情のあり方も単純である。本当なら、せめて自分が東京に出てきて、様子を見てみる、そして物産入りの話でも聞いたら、これを確かめるほどの思慮が、本当の愛情というものであった。惜しむらくは、放逸粗野に育って些か情に脆い辰蔵が、何を仕出かすか判らない常次郎を、自分の目の届く所においておきたかったこともあろう。おまけにその場しのぎというか、目先の都合というか、所詮は野人の愛に過ぎなかったとしか言いようがない。

帰ってきて床屋になれという訳である。

床屋の修行

その頃辰蔵は、常次郎達の母であるくまと別れ、おしげという子連れ女を女房にしていた。そのおしげという女に、神田市松、通称床市という兄がいた。床屋職人である。おしげの兄だということで、三、四年前に辰蔵が店を出させた。

ところがこれがまた、飲んだくれの極道者で、床屋の腕はまずまずでも、酒臭い息では客も寄り付かない。最初の店も次の店も駄目にして、またもや辰蔵に泣付きに来ていた。人が良いのか馬鹿なのか、頼まれると嫌と言えない情の脆さか、辰蔵はこの市松の面倒をどうみようかと思案に暮れていた。そんな時、たまたま常次郎の消息が判ったのである。

辰蔵は三田下山の家を床屋の店に手直しし、そこで常次郎を一人前の床屋に仕込んでくれたら、市松にも、もう一度店を出させてやることにした。言わば、住込みの家庭教師のようなものである。その一方で、常次郎には市松のお目付役もさせようという魂胆もあった。

人を見る目のないこともおびただしい。義理にもせよ市松は、常次郎にとってみれば伯父であり御師匠さんでもある。年も親子ほど違う。床屋の修行は見よう見真似で覚えられても、無頼の市松にやることまで指図をしたり、一々辰蔵に告げ口するのは常次郎に出来る仕事ではない。

それに下山という所は、三田から播州や但馬への街道筋に当たり、福知山線が開通するまでは、結構な賑わいを見せていた。しかし福知山線の開通と共に、新町桶屋町、三輪の明神通りなどに人の流れが移りはじめていた。市松は独り身をいいことに淫乱不倫この上もなく、他人の女房は言うに及ばず、自分の姪にも手を出したり、おまけに金が入るとすぐに博打をやる。朝から酒が入らないと仕事もしない。

そんなこんなで、辰蔵にも二、三度金の無心をしたが、なかなかやっていけない。こんな市松と辰蔵の間に入って、常次郎は散々苦労した。愚にもつかぬ苦労話は人にも話せない。そのうち市松は、辰蔵に無断で店の道具類を売り払い、新町万年橋のたもとに新たに店を借りた。

昔の床屋等というものは、甚だ簡単なもので、鋏に剃刀、櫛等の手道具の他、椅子に大風呂敷と洗面器の一つもあれば、何とか格好がついたのであろう。貧しい国では今でも路上の床屋がある。調度は貧相になっても、下山よりは大分立地条件が良かったのか、これで何とか二人は食っていけるようにはなった。しかし、これは当然辰蔵の知るところとなった。

辰蔵にしてみれば、下山の家の面倒をみさせる事も目的の一つであった。それを勝手にホッポリ出して、別に店を出すなど、以ての外である。腹を立てた辰蔵は、床市に店を出してやる約束は反故、下山の家も処分して、お前等は勝手にしろということになってしまった。

考えの甘い辰蔵にしてみれば、常次郎が三田で床屋をやっている限り、何とか思惑通り目が届くと考えていたのか。辰蔵の束縛から離れると、床市のご乱行は一向に収まらない。収まらぬどころか益々激しくなって、とうとう二十五才も違う若い女を引っ張り込んで毎日乳繰り合う始末。ところがこの女にもすぐに嫌われ出し、挙句の果ては常次郎と怪しいんじゃないかと疑い出すので、常次郎も耐えられない。

床市について一年ばかり、何とか人様の頭もいじれるようになったが、床市への監督不行き届きで親父には叱られる、その床市はろくでなしで勝手放題、こんな嫌な思いばかりするのではたまらんので、この際市松とは手を切って、常次郎は独りでやろうと考えた。

そこで無理算段の借金をし、床市には本人の望み通り、縄手に一軒の店を借りることにし、親方の床市を放り出した。十七才春の終わり頃である。

床屋で独立

それから二年、昔の床屋なんて相当いい加減なものであったのか、それとも常次郎の腕前が良かったのか、結構な稼ぎになったようである。

目と鼻の先に実母のくまが居た筈であるが、そろそろ少年から青年へ、正に親離れ真最中の常次郎にとって、実母は眼中にはなかったようである。世間一般の子供のように、幼少の頃から母に甘えたことのない常次郎にとって、それも無理からぬことであった。誰も監督する者はいない。働けばそれなりの日銭は毎日入って来る。親同様、世間知らずで理財の才がある訳でない。それに天下御免の独り者、夜ともなれば自然に足が向く先は、言わずと知れた紅灯の巷ということになる。
朱に交われば赤くなる、無頼の床市が師匠であったから、箍《たが》の外れた常次郎が酒色に染まっても無理は無い。三田のことだからそれほど名の知れた色町があった訳でもないが、それなりの料亭小料理屋の類には事欠かない。それに常次郎は、昔人間としては端正な顔立ちで、多少ながらも江戸っ子弁まで口にする。若い女にもてぬはずはない。若い女といっても素人娘ならよかったのだが、これが手練手管の芸者とくれば、床屋の少々の稼ぎではどうにもならない。
考えてみれば、芸者遊びほど贅沢な遊びは、世界中にも他に例を見ない。昔の芸者は色町に身を沈めてからは、行儀作法は言うに及ばず、諸々芸事、男と女の色事まで、手取り足取り厳しく仕込まれる。一対一で向き合えば、情緒纏綿たる三味の音で、客の心を揺さぶる恋の唄。一夜の恋なら未だしも、馴染みを重ねて深い仲、枕を交わせば、昔の歌ではないが、
明け行けば　おのがきぬぎぬ　なるぞ悲しき
と、マァこんな具合で、今迄の常次郎にとっては思いもよらぬ日々となった。後年、常次郎がたまに渋い咽喉を披露することがあったが、それはこの時分に仕込んだものであったろうか。
それはさておき、床屋稼業では稼いでも稼いでも底が知れている。金の切れ目が縁の切れ

目、金のあるうちはチヤホヤするが、金が無ければ昨日の客も、手のひら返して何処の馬の骨かという扱いになる。色町当然の扱いに、少年からいきなり大人の遊びにおぼれた常次郎は、己の世間知らずに思わず口惜し涙を呑んだであろう。まだまだ純情可憐であった常次郎は、ほろ苦い青春の歓びと共に苦い屈辱も味わう。

こうして常次郎は若くして人生の裏表を経験するが、最後に泣き付く先は辰蔵しかいない。ニッチもサッチもいかなくなって、またもや常次郎は辰蔵に詫びを入れた。

青天の霹靂

常次郎にとって辰蔵は父親であり、母親であった。常次郎は後年、自分には普通の家の倅のような青春はなかったと、述懐している。しかし、考えようによっては、独り立ちして二年間、若くして人生裏表の一端を覗き見た経験は、決して捨てたものではなかった筈である。辰蔵に尻拭いをしてもらった常次郎は、僅かな日銭の稼ぎに舞上がった己を恥じると共に、心を入替え散髪職人として、修行の旅に出る。十九才の春である。大阪神戸の有名店で腕を磨くと共に、時期がくれば辰蔵に独立再起の援助をしてもらうつもりであった。辰蔵もそのつもりで適当な店を探していた矢先のことである。

明治三十五年十一月三日、正に青天の霹靂の如く、辰蔵横死の悲報に接する。

任侠辰蔵の葬儀は盛大を極めたそうである。己に理不尽極まる刃を向けるような宇之助にすら、ホイホイと十円もの大金を貸してやる辰蔵である。しかも手元に現金が無ければ、質草にと蒲団まで貸してやるというほど、単純でお人よしだけに、仲間内には評判が良かったのであろう。もっとも、質草に蒲団を貸したのには或いは別の意味もあったかもしれない。

しかし、葬儀が盛大であったといっても、そんなことは義理人情が売物の任侠の世界のこと、別に自慢にもならないが、ただ己の非を棚に上げて、卑怯な騙し討ちをした宇之助への反感と、討たれた辰蔵への同情が高かったためであろう。

辰蔵の女出入りは相当なもので、おしげの他にも何人か女が居たようである。東京から呼び戻された時、辰蔵は京都に居た。別の女の所だったかもしれない。しかし、葬儀は恐らく、家を切り盛りしていたおしげの采配で行われたに違いない。当時、四才違いの兄重太郎は、既に甲種合格の現役兵として軍務に服していた。平素、家に寄り付かなかった常次郎としては致し方ないことであったが、葬儀が一段落すると父辰蔵の居ない家が居心地の良い筈はない。

当時辰蔵は不動産こそ持っていなかったが、常次郎の見るところ、金は相当持っていた筈である。ただ自分で金勘定をしたり、遣り繰りするなど七面倒臭いことは性に合わなかった。おしげが全部取り仕切っていた。当然後始末のことも問題になったであろう。常次郎は、父辰蔵の手からなら喜んで金は貰っただろうが、おしげに金を寄越せなど、男のプライドが許さなかった。

未だ常次郎が幼い頃には、おしげは辰蔵が不在勝ちをよいことに、食うものも食わしたがらぬくらいの女であった。また、たとえ寄越せと言っても寄越すような相手ではなかった。余談ではあるが、このおしげは家の有り金を全部懐に入れ、やがて姿を晦《くら》ましてしまう。

勿論おしげのような女の居る家に、常次郎は何の未練もなかったが、父を亡くした落胆と、深い絶望の思いを胸に、今度は当ての無い流浪の職人生活がはじまる。

散髪職人というのは徒弟や丁稚とは違い、住込みであろうが、通いであろうが、一人前の職人としての手間賃が貰えた。しかし、それは只、その日暮らしの、口に糊する為だけの生活である。爪に火を灯し、食うものも食わずに頑張れば、或いは僅かずつでも金が貯まったかもしれない。

しかし、吹けば飛ぶような店でも、とにかく、自分の店で稼いだことのある常次郎にとって、当てもないそんな生活が永く続けられる筈もない。親身な相談相手もない毎日、苦悩と煩悶の職人生活が続く。流石に明治も半ばを過ぎると、仇討ち等の発想は全然無かったようである。

先にも述べたように、辰蔵の横死に天涯の孤独を感じた常次郎にも、実は身内としては、母のくまと、兵隊にとられて、今のところ娑婆とは縁のない兄重太郎が居た。

くまは常次郎数え年三才の時、辰蔵と別居、桑津から三輪の実家に帰ったが、これは一年ばかりで復縁した。今度は辰蔵がくまの実家で暮らしたが、くまは寡黙で色気も如才にも乏しく、所詮は派手な親分稼業の辰蔵とはしっくりいく筈がない。それに辰蔵の女出入りである。九才の時またもや離縁。今度は三田下山で、常次郎は継母おしげのもとで暮らすことになる。

それから十年、家庭の温もりを知らないで過してきた常次郎もやはり人の子である。とつおいつ悩む常次郎の念頭から、くまのいる故郷の三田を忘れた訳ではなかったが、くまもあまり恵まれた境遇ではなかった。

くまの実家林中家も残念ながら没落家系であった。三輪神社鳥居内の社前で荷駄問屋を営んでいたが、後には米酒商を営んでいたようである。しかし後継ぎにも恵まれず没落して、辰蔵が死んだ頃には、くまは三田の駅前に小さな家を借りて一人暮しをしていた。もともとあまりベタベタしたところがなく、孤独に強い性格であったのだろうか。

母や母の実家に頼り甲斐があれば、すぐにも三田へ帰ったであろうが、一方では恥かしい思いを残して後にした三田でもある。若い常次郎が悩んだのも無理はない。世間の荒波に揉まれてみると、つくづく我が身の氏素性、人様に誇れるほどのことは、何一つなかった己の来し方も悔まれる。また正業に戻ろうと思いつつ、遂に果たし得なかった辰蔵の最後もある。普通の男なら足が向かないところである。

しかし、遂に常次郎は三田に帰る決心をする。

常次郎の決心

常次郎は考えた。人間故郷に錦を飾るという言葉がある。しかし、何処で何をしたのか判らなければ、錦を着て帰っても故郷の人にはその努力が認めてもらえない。一時の恥を忍んでも、俺は襤褸《ぼろ》を着て故郷に戻ろう。そして何時かは皆の前で、襤褸を脱ぎ捨て、錦に着替えよう。我が身の汚名も辰蔵の悲願も成就しよう。それがほんとの男というものだ。

「為せば成る　為さねば成らぬ何事も　成らぬは人の為さぬなりけり」

常次郎の頭に天啓のように閃いたのは、この言葉であった。

「よっし、どんな恥を忍んでもやってやる。恥多ければ多いほど、逆に成功の暁には輝かしいものだ。」

絶望の淵からどうしてこんな勇猛心が湧いたのか、流石明治の男である。それとも常次郎の身体に潜んでいた先祖の血の為せる業か。

その時常次郎は思った。親父はあの通り己の宿願を果たさず、無頼のまま横死してしまった。天がもう二十年、父に時を与えてくれていたならば、必ずや世の為、人の為に働いた筈だ。家名を汚した事を内心甚だ恥じていた父の為にも、中川家ご先祖の為にも、家名を揚げなければならない。

落ちぶれたりとも我が中川家、元はと言えば藤原の流れを汲み、代々近衛家に仕えてきた武士の後裔ではないか。致仕帰農して既に十数代、伊丹は桑津に近衛家より知行の土地は、先祖の菩提寺であった安楽寺の書付によれば、些少ながらも田畑四町五反、しかしこの土地も、既に中川家のものではない。

そして今、落魄の児孫は正にこの俺と兄重太郎を残すのみ。しかしロシアとの風雲急を告げる今、現役兵として軍務に服する兄重太郎が、果たして無事生還できるかどうかも判らない。無事帰還できてもこの儘では、帰るところも無い兄重太郎である。ぐうたらな兄ではあるが、今はお国の為命を懸けて働いているこの兄の為にも、ここは何としても三田で母くまのもと、緊褌一番再起を計らねばならぬと、不退転の決意を固めた。

身を持ち崩した辰蔵に、どうしてこんな常次郎のような子が出来たのか、不思議と言えば不思議である。また、その常次郎が尊敬おくあたわざる辰蔵が、どうして博徒の親分などになったのだろうか。ただ、辰蔵が小さい頃から相当の権太者であったことは間違いなかったようである。

辰蔵の母親みさも相当気の強い女であったかもしれない。このみさは、元摂津国西成郡三宝寺村小中嶋（現大阪市大淀区）の繰屋（昔の紡績業）に嫁入りしたが、辰蔵の父が若死にしたので、実家に戻った。常次郎の自伝では、その際ごたごたがあって絶交したが、辰蔵成人の頃は相当繁盛していたそうである、と記している。戸籍上の父は確かに中川常七、安政六年、辰蔵三才のとき死んだようであるが、姓も同じ中川である。しかし、夫が女をこしらえたので、みさが怒って飛び出してきたという説もある。

そんな血を享けてか辰蔵も利かん気で、たまたま家にやって来て、お茶を飲んでいた代官の頭を、煙管でぶったという話がある。ただ、この代官が大変出来た人物で、元気のよい坊主じゃのうで済んだらしいが、家の者は肝を冷やしたことであろう。

恐らくこの代官というのは、伊丹郷の惣宿老といわれる人であったと思われる。史書によれば寛文元年（一六六一）、伊丹町及び近隣十一ヶ町村併せて伊丹郷町が近衛領となっている。ちょうどその前後に中川家の先祖がこの伊丹の地に帰農したのかもしれない。

話は飛ぶが、もともと中川姓は藤原の一流であって、戦国大名中川瀬兵衛清秀も摂津の出であり、一族の一人であったという。この辺りは中川と関わりが深かったのであろう。

余談はさしおき、何と言っても摂津の国は京洛に近い。遠祖近衛の所領となった伊丹郷町は、大名の所領でもなく、幕府直轄の天領でもない、公卿の領地である。当然、町政組織も異なり、領主近衛家の代官役を勤めたのは、この惣宿老とよばれる地元の有力酒造家達であった。勿論苗字帯刀を許されてはいるが、武家ではない。その中に銘酒白雪で有名な小西家がある。

歴代小西家は本業のみならず、地元の運輸交通金融から武芸文芸等の教育面まで、幅広い貢献をしている。そして軍国の機運が次第に高まってきた昭和十一年、伊丹空港用地として国に三万坪を提供している。その三万坪の中に、中川の土地も含まれていたようである。

　この土地のことは常次郎が生前よく口にしていたが、中川の本家を継いだ辰蔵の伯父をはじめ、一族他のものは子女に恵まれず絶家した。つまりは中川家没落の過程で、その地所も小西家に買収されていったのであろう。

　この伊丹の酒造業を支えていた一つが、三田の米であった。成人した辰蔵は、母親を養うため、縁を頼って、この酒造米を運ぶ仕事を始めたのであろう。勿論その当時、三田伊丹間に鉄道はない。主峰の六甲につながる山並みが、その間を東北に遮り、狭く険しい山道を、牛馬だけが頼りの危険な仕事である。時には馬や牛でも道を踏み外し、谷に転落死することがあったと伝えられている。当然仕事は荒くれ男でなければ勤まらない。中でも、身体だけは人一倍立派で、仲間の連中から一目も二目も置かれていた辰蔵は、忽ち親分株にのし上がった。明治は西南の役の頃であろう。

　後に三田下山に居を構えていた頃、ドサ回りの角力取りがやって来た。縁側で座って子分達の角力を見ていた辰蔵に
「親分はどうして角力を取らないですかい」と尋ねた。

　辰蔵は黙ってその角力取りの両の腕を掴み、縁側に座ったままグイと牛蒡抜きに持ち上げたと言う。これは常次郎から直接聞いた話であるが、仮に相手が幕下褌担ぎでも、些か眉唾臭いが、それにしても辰蔵が、相当な豪の者であったことは間違いない。

それはさておき、こうして三田と伊丹を行き来するうち、三輪神社の傍でやはり運送を業としていた林中熊右衛門の娘くまと結ばれる。そして重太郎、常次郎の二人の子をもうけるが、商売柄派手な女出入りはあったものの、辰蔵も己の所業を顧みて、常次郎だけは何とかまともに育てたいと願っていたことは、前述の通りである。

自らの非業の死と引き換えに、常次郎の奮起をもたらしたとも言えよう。

裸一貫、三田での再出発

その常次郎は、今まではどちらかと言うと、くまよりもむしろ辰蔵に、母性も併せ求めていたのではないかと思われる。しかし、辰蔵が亡くなってみると当然の事ながら、常次郎にも母の有難味が身に沁みた。正に血は水より濃いという感が深い。

こうして漂泊の職人生活から足を洗い、再び三田に戻った常次郎であるが、落着き先の母くまとて、駅前で細々とした一人暮らしである。しかしそれだけでも大きな助けであった。今まであまり感じなかった母の恩を、常次郎は痛感する。

とにもかくにも母くまの許に帰った常次郎は、早速駅前広場、角から二、三軒目、三田の町へ伸びる大通りに、九尺二間の小屋掛けのような店を借り受けることが出来た。正に目抜き通りの一等地、と言っても当時の駅前は戸数僅かに十四軒。家らしきものは、旅館が一軒、茶店が二軒、それに駅長の住居が主たるもので、旧来の三田の町から見れば場末も場末、田圃の中の新開地であった。明治三十六年六月、数え年二十才のことである。

それにしても、この駅前に店を出せたのは、後から考えると大変幸運であったと言えよう。鉄道開通の初期、その経済効果を十分に認識出来なかった地方の町では、鉄道を敬遠する処もあった。汽車など煤煙を吐き散らすわ、轟音が煩いわで、駅舎は町の中心部から程遠い所に設ける所も多かった。篠山なども六万石の城下町でありながら、遥か離れた篠山口までしか鉄道を通さなかった為、随分と町の発展に影響があったものと思われる。

それはさておき、この駅前に店を構えることが出来たのも、母の因縁、母のお陰とでも言うべきか。

母くまはこの駅前で独り暮らしをしていたが、偶々《たまたま》子沢山で困っていた駅長の家に出入りし、子供の面倒をみたり、家の手伝いもしていた。この駅長は鹿児島県人の渡辺という人で、なかなか男気のある人物であった。常次郎は人生恩人の一人として、特に無一物から仕事を創めるにあたって、大変世話になったことを、一生忘れなかったようである。

何しろ神戸から着て帰った着物と帯を質に入れ、ようやく工面した金四円が元手である。職人の嗜みとして、鋏剃刀手道具一式だけは持ってはいたが、他は全くの素寒貧《すかんぴん》である。店を構えるからには、せめて鏡の一面二面、椅子の一脚や二脚はどうしても欲しい。そこでこの駅長さんに頼み込んで、口を利いてもらった。

先ず鏡である。今時鏡など大したことはないが、当時大きなものは結構な値段であった。そんな立派なものは到底望むべくもないので、一尺五寸に一尺二寸のちっぽけな物を二枚、本町の桝谷ガラス店で買い求めることにした。しかしその代金四円也を払う金が無い。そこで、駅長さんに保証人になってもらった。その代わり、駅長さんには常次郎が担保を差出した。担保といっても物ではない。これからお客になってくれるであろう駅長やその家族、或いは駅員などの散髪賃である。なるほどこれなら先払いというだけのことで散髪すれば取り外れはない。考えてみればなかなかの妙案でもある。椅子の方も駅長の顔で駅弁の水了軒から借りてもらった。これに素人大工で手掛けや枕を取り付け、散髪椅子に仕立てた。言わばお貸し下されのようなものであった。

どうにかこれで仕事だけは創められるようになったが、これからが正念場である。

当時の三田駅前

駅前と言っても何しろ田圃のど真中、三田の町並みまで南へ行っても、西に行っても二、三丁はある。総戸数十四軒、人口は七、八十人、汽車の発着一日に六、七回、一回の乗降客は多くて二、三十人、一日百人余りである。三田の町中には勿論老舗の床屋や、設備の良い同業者が十軒以上あった。開店のチラシや、チンドン屋を使ってのお披露目など、論外の沙汰もいいところ。何とか来た客に、仕事だけ満足してもらえるよう、一生懸命やった。

神戸大阪で職人として腕だけは磨いてきたんだから、三田の田舎もんには負けるはずはないと悪戦苦闘すること一ヶ月。それでも最初の月は水揚げ一金十一円なにがし、一日平均四十銭足らずという始末である。これでは到底親子二人がやってはいけない。しかしここが辛抱のしどころである。


常次郎の人生を考えてみると、色々のキーワードがある。その一つが忍の一字である。常次郎が座右の銘とした扁額にも、人生恩人の一人とした谷田探海師（後出）の筆になる、この「忍」の一字が大書して彫られていた。この忍の一字は「ならぬ堪忍するが堪忍」という、多分に感情の抑制という意味合いが強かったと思うが、肉体的辛抱も常次郎の大きな長所の一つであった。

食うものも食わずにというと大袈裟かもしれないが、大阪でのあの酷かった酒屋に較べれば、これくらいの辛抱は何でもない。

貧乏のどん底から

後になれば笑話で済むが、どれほど貧乏したかは、背中に竹の子を背負うという言葉通りであった。洗い晒しの縞の着物が色褪せて、恰《あたか》も竹の子のような色模様になってしまう。後ろから見て、背中に竹の子を背負っているよと、見くびられたものである。

常次郎も一張羅の着物は質に入っているから、残る着物は夏冬兼用である。夏は一枚の袷着の裏を剥いで着る。何と言っても客商売だから、汗臭い着物では申訳ない。しょっちゅう洗濯しなければならないが、当時石鹸はまだまだ高価な品物である。専ら水でごしごしやるから忽ち竹の子模様、季節外れではお洒落どころではない。色男常次郎も台無しである。

常次郎は酒も好きであったが、あまり大酒や深酒はしなかった。むしろ甘党と言ってもいいくらい、甘い物も好きであった。若い者が碌なもんも食わずに働くから腹も減る。仕事の合間に前の田畑という駄菓子屋で、一文菓子のつまみ食いの借金が、積り積って三十六銭になってしまった。

とうとう、店の女主に、もうこれ以上は貸せないと断られた。これには流石に常次郎も堪えた。色町にでも流連《いつづけ》して断られたのとは訳が違う。たかが駄菓子の三、四十銭のことである。しかし駄菓子ゆえ、三、四十銭でも払えなければ、こんな大恥をかく己に、常次郎は顔から火の出る思いだった。早速、日暮までに上がった金で支払いを済ませたが、翌日は食うにも事欠く始末には閉口した。その日暮らしの情けなさである。

恥かしい思いはこれに止まらなかった。そろそろ秋も近づくと表にガラス戸を入れなければならない。四苦八苦して六円の金を工面し、戸だけは何とか入ったが、寒くなって来ると今度は湯沸し一式がどうしても要る。寒いのに冷たい水で客の頭を洗うわけにはいかない。あと二円余りの金の工面を何とかしなければならない。思案余って落ちつく先は、また例の手しかない。今度は同じ駅前で運送業をやっていた山三こと花谷運送店に頼み込んでみた。

当時花谷は駅前でも一番の大家族、それに使っていた仲仕人夫が十人ばかり居て、仕事は相当盛大にやっていた。みなお得意さんで散髪賃の支払いは一括して月の晦日である。駅長さんと同じく、面倒みてくれるかと思いきに、言下に金はないと断られた。常次郎は己の甘さに屈辱の思いを強くしたが、ここもやはり忍の一字あるのみ。

田畑にしても花谷にしても、近所で床屋を始めたが、今まで常次郎など無縁の赤の他人である。辰蔵や、くまのことがあるので、満更何処の馬の骨か、風来坊かとは思はなくても、何の義理もなければ、縁故もない。そこまで親身になれと言う方が無理かもしれない。

しかし世の中面白いもので、後には両方とも常次郎の世話になることもあって、両家とは大変懇意な仲となった。現にこの時の当主花谷豊次郎の孫、武が駅前区長として、常次郎の区葬委員長を務めることになる。

余談はさておき、石の上にも三年というが、頑張った甲斐あって半年程で客も追々増えてきた。その年の暮れには水揚げが二十三円、一円五十銭の家賃を払っても、何とか食っていけるようになった。

床屋稼業はもともと賃仕事のようなもので、店さえあって、自分で仕事をする段には、あまり元手はかからない。客が増えればその分楽になる。やっと母にも、月に一度位なら芝居見物や、親戚遊びもさせてやれるまで漕ぎつけた。

召集令状

しかしながら、好事魔多しというか、日露の戦雲は益々厳しさを増し、やがて三十七年二月六日、日本は暴圧に耐えかねて、遂にロシアに宣戦を布告する。その年、満二十才の成人となった常次郎も、徴兵検査を逃れることは出来ない。偉丈夫だった辰蔵の血を享けて、身体は人並み以上、勿論甲種合格である。しかし幸運なことに所謂、籤逃れの補充兵というやつで、即入営ということにはならず、一旦は帰郷する事が出来た。

ところが戦局の推移は緊迫の度を加え、遂にその年暮れ、常次郎にも赤紙が来る。召集令状である。召集されれば何処へ連れて行かれるのか判らない。金城鉄壁を誇る旅順のロシア軍に対する攻撃は酸鼻を極め、苦戦の模様は国民もそれとなく感じていた。

覚悟はしたものの、またも後に残るは母独り、つかの間の親子二人の安寧も、これでおしまいとなる。その母くまは無学であったが偉かった。悲しみもしなければ、悔やみもせず常次郎を励ました。不遇に耐え抜く強靭な精神を持っていたのか。

一方常次郎も既に日本男児として、覚悟を固めていた。やるだけやるしかない。或いは戦陣に散ることがあっても、それはむしろ中川家名誉挽回の好機である、と考えた。既に明治国家の骨組みは完成し、一般庶民の間にも天皇を柱とする民族意識が確乎たるものとなっていたのである。

兄重太郎も現役兵として出征し、今度自分も出征することになれば、正に明治天皇の歌

　子らはみな　戦の庭に　出でたちて　翁や独り　田を守るらん

の心境であったと後に記している。

本当は守るべき田すらない母親を思うと、必ずしも後顧の憂いが無かった訳でもない。何とか確保しておきたいのは、九尺二間の借店舗だけである。

それでも隣近所の人々や、馴染みの客は、幾許かの餞別と共に、後の事は心配するなと励ましの言葉もかけてくれる。それを頼みに三田駅頭、近所の人々や町の顔役、お偉方一同までもが、「中川常次郎君万歳！　万歳！」と、打ち振る日の丸の小旗や歓呼の声に送られて、男常次郎晴れの門出である。

この歓送振りは日露の戦いに対する当時の日本人の悲壮な思いもあって大変なものであった。三田からの入営兵だけではなく、福知山連隊の兵士が三田駅を通過するだけでも、大勢の人間が熱狂的に声援を送ったくらいである。恐らくそれまでの人生で常次郎は、これほどの晴れがましい思いをした事は無かったに違いない。

そして常次郎は奉公袋を手に十二月十五日、無事姫路第十師団第十歩兵連隊に入営する。

初年兵の悩み

初年兵教育というのは相当厳しいものと言われていた。今まで娑婆で自由気儘に過していた若者が、いきなり厳しい軍律のもと、挙措動作から立居振舞い、言葉遣いの端々まで、先輩兵士のしごきを受ける。勿論極めて初歩的な軍事訓練も受ける。そして、何とか軍隊として団体行動がとれるかどうかの、成果を確認するのが一期の検閲である。これが終って初めてどうにか最下級の兵士らしい格好がつくといった程度である。

しかし、漸く旅順が陥落しても戦局は、ロシアのシベリア鉄道経由による増強により、益々緊迫の度を加えつつあった。入営して約二ヶ月、無事検閲が終ると、同期入営の兵隊達は、早速満州の戦地に出征することとなった。

因みに戦史によれば、この第十師団は野津道貫大将率いる第四軍に属し、奉天を目指した。日露戦争最後の勝敗を決することになった、三月のかの奉天大会戦において、麾下歩兵第十連隊（姫路）と歩兵第四十連隊〈鳥取〉は、殆ど連隊の形をなさないまでに壊滅した。

同じ第十連隊に入隊した兄重太郎が、殆ど無傷で無事凱旋できたことは奇跡的であった。子供の無かった重太郎は、後年常次郎の子供等に、戦野で経験した砲声、その曠野に響き渡る恐ろしさを、よく話して聞かせたそうである。

もし常次郎がこの戦闘に参加しておれば、或いはこの物語は無かったかもしれない。ところが、幸いなことに、常次郎は留守部隊に残留のままであった。

一つには未だ当時の日本陸軍も正気であった。二人息子を兵隊に採った場合には、二人とも戦地に出すようなことはしなかった。二つには、たとえ補充兵であっても優秀な者は、即戦地に出さずに上等兵教育を施し、戦闘要員の組織的編成に配慮した。常次郎は忽ち選ばれてその候補にあがったのである。それに常次郎には理髪師という特技があった。留守部隊の将校たちも、部下に床屋が居れば何かと便利である。

そんな訳で隊長以下上官達に重宝された常次郎は、なかなか戦地には出してもらえない。普通なら大喜びする筈だが、常次郎は逆に度々出征させて欲しいと、志望した。これがまた、益々上官達の心証を良くしたのかもしれない。

十六回目にやっと呼び出しがあった。大隊本部に行くと、大隊長が訊ねた。

「兵隊の中には、戦地に出されないように裏から運動する者もいるのに、お前はどうしてそんなに出たがるのか?」

常次郎は答えた。

「この大戦の最中、郷里の皆さんの期待と声援を受け、名誉の召集を受けて入営したのに、戦地にも行かず、これという手柄もたてずに終っては、軍人の本分名誉も損なうし、また郷里の皆さんに合わせる顔もありません。男として戦地で思う存分戦ってみたいと思っています。どうかお願いします。」

これを聞いて大隊長は非常に気に入ったようである。

「よろしい、気に入った。そのうち必ず出してやるから暫く待っておれ」と返事してくれた。

ところが、一週間ほどして何名かが戦地へ出発することになったが、今度もその中には選ばれなかった。話が違うので中隊長のところへ文句を言いに行ったところ、中隊長から
「出してやると言われた以上、必ず出してもらえるから心配するな。黙って待っておれ」と叱られた。

これだけでは如何にも常次郎が、忠君愛国の精神に燃えた、兵士の亀鑑《きかん》であるかのようにも聞えるが、実際は他にも訳があったのである。それはやはり金の無い辛さからであった。兵隊に行けば、飲み食い、着る物から寝るところまで、何でもかんでも親方日の丸で、金なんかまるで要らない筈と思うのは大きな間違い。確かに親方日の丸で、一応の物には事欠かないが、好きな物が腹一杯食える訳でもないし、寒いからといってシャツの一枚、靴下の一足でも、欲しいだけ呉れるものではない。

昔、軍手軍足等と丈夫な物の見本のように言われたが、本当は昔の木綿糸で作った手袋靴下など、すぐにいかれてしまう。最近の化学繊維製の物とは全然持ちが違う。何よりも当時は、兵隊に取られるまで、靴など履いたこともないというのが大方で、その靴も足に合わせ

て履くのでなくて、靴の方に足を合わせろ、と言われたくらいだから、足の痛みも靴下の傷みも甚だしい。

兵士は繕い糸や針まで用意して大事に使ったが、官給品以外は自弁である。靴下などは、官給品だけではとても間に合わなかった。これを酒保で買えば、市価より安いといっても金はかかる。煙草一本、饅頭の一つ、葉書一枚でも、支給される物以外は、酒保で求めれば当然金がかかる。とは言うものの、営内での生活にはさほど金は要らないが、問題は休日に許される外出である。

新兵と言わず古参兵と言わず、兵隊にとってたまの休みの外出ほど楽しみはない。平時の兵隊でもこれほど嬉しいことはないのだが、況《いわん》や古今未曾有の戦争である。一度戦地に赴けば、何時己の屍を、彼の満州の曠野に曝すことになるやもしれない。そんな兵隊達にとって、外出は正に命の洗濯である。

古参の下士官や、年輩の応召兵の中には、女房や家族を呼び寄せる者もいたが、若い兵士はそうもいかない。酒も飲めば女も買う。当然の行為である。明日の命も知れない若者にこれをやめろとは誰も言えない。まして山陽道有数の城下町、播州平野の中心都市として、繁盛してきた姫路のことである。遊興の場所には事欠かない。仲間と連れだって一度外出すれば忽ち財布の底は軽くなる。これが常次郎には辛かった。

店を始めて一年半、何とか食えるようにはなったが、とても貯えまでは手が回らない。一応の借金だけは何とか片をつけたが、三田を出る時に手元に残った金は、僅かに金十二円也。これは殆どが隣近所や知り合いからの餞別であった。姫路に来て入営のための諸々の準備に金五円程使って、残金七円のうち、更に五円は出征準備金として中隊に預けてある。残り二円の金はあっという間に無くなり、またもや素寒貧である。

当時二等卒の手当ては十日で僅かに三十五銭、月に一円五銭では雀の涙もいいところである。普通の者は五円十円と家から小遣いの仕送りがあった。中には五十円も送ってもらい、中隊長から大目玉を食らった者もある。金が無いので同じ新兵仲間でありながら、そんな連中と付合うことが出来なかった。

常次郎とて、女にかけては人後に落ちるものではない。大酒は飲まないが、酒が嫌いな方ではないし、人付合いが嫌いな方でもない。それが金のない為、たまの休みにも営内で、独りしょんぼりしていなければならないのは、若い常次郎にとっては実に情けなく、淋しいことであった。時たま上官や仲間に散髪を頼まれても、娑婆での商売とは違うので、そうそう金は貰えない。貰えても雀の涙で到底皆と一人前に付合えるものではない。一層の事、早く戦地に出たいと思うのも当たり前の事であった。

しかし、人間万事塞翁が馬、度々の戦地志望が逆に上司の心証を良くし、それでは同じ戦地の満州でも、なるべく安全な所にしてやろうという配慮を得たものと思われる。そんなことは露知らぬ常次郎は一週間ほどして中隊長の呼出しを受け、訊ねられるまま自分の生立ちや、今の家庭の事情と共に、家名挽回の決意の程も吐露したのである。

出動命令

やがて間もなく、常次郎にも愈々《いよいよ》出動命令が下った。出発に際し、兵士六百人や大勢の見送人の前で、常次郎は部隊長からお褒めの言葉を頂いた。たった一人の兄が、現役兵として既に戦地に行っているにも拘らず、二等卒補充兵の身でありながら度々の志願は忠勇なる兵士の亀鑑であると。本人にしてみれば些か尻のむず痒い思いもしたが、誇らしい気分でもあった。三十八年四月三十日のことである。

翌五月一日広島着、その翌日愈々宇品より鹿島立ちである。この時にも常次郎は、生れてはじめて大勢の人間の指揮を執り、大変誇らしい思いをした。広島の街中を二等卒が中隊長並みの引率指揮をしたのである。

と言っても、相手は四、五日前に召集されたばかりの補充兵、入営と同時に軍服に着替えさせられたが、中味は全くの民間人。年齢もまちまち、相当の年輩者もいれば、常次郎と変わらぬくらいの若者もいる。勿論兵隊としての訓練は全然受けていない。戦局の逼迫が人夫代りの要員として、緊急召集した輜重《しちょう》輸卒と看護婦ならぬ看護卒である。

軍隊というところは、何よりも先ず序列の世界であった。年が下であろうが、素寒貧の二等卒であろうが、先任者は先任者である。だから補充兵の二等卒でも、常次郎はこの連中より先任者であった。常次郎はこの階級章も付けてない連中二百三十人を、広島駅から宇品まで引率するよう命じられた。常次郎にとっては勿論初めての経験であるが、号令一つで大勢の人間を動かすことが、こんなに気分の良いものとは知らなかった。

とは言うものの、この連中、訓練を受けてないから足並みは揃わない、雑談はする、隊形は乱れるわで、三里余りの道程を、牧用犬宜しく監督しながら、何とか格好つけて引率するのは大変な仕事だった。しかも衆人環視の中である。何だか急に偉くなったような気分になったものである。

宇品で乗船したのは、丹波丸という七千トン級の当時としては大変大きな船であった。勿論こんな大きな船に乗るのは常次郎を含め、殆ど全員が初めてである。船上は狭いし様子も判らない。しかも、千人余りも詰め込んでの航海だから、命令通り全員を無事乗船させるまでは、今までに経験したことの無い苦労を感じた。ここまでは大威張りできたが、人生初めての船旅では、たかが二等卒など動く荷物並みの扱いである。鹿島立ちを明日に控え、船中初のまどろみは如何ようであったろうか。

翌二日、丹波丸は無事宇品を出港した。右手に見える日本三景の一つ、安芸の宮島をはじめ、美しい瀬戸内の島影を見送って、船は愈々名にし負う玄海の荒海に差し掛かった。この辺り、日本の輸送船を狙って敵ロシアの軍艦が出没するという噂が飛び交っていた。

ウラジオストックを基地とするロシア艦隊は、それまで度々日本海に出没して、日本陸軍の輸送路を脅かしていた。上村中将率いる第二艦隊必死の哨戒にも拘わらず、三十七年四月に近州丸、六月には近衛連隊の乗った常陸丸を撃沈、更には鉄道関係の工兵隊を乗せた佐渡丸を大破するなど、大陸へ陸軍を送る海路を脅かしていたが、これも八月十四日蔚山沖の海戦で漸く殲滅《せんめつ》されていた。また難攻不落の要塞港内に潜み続けていたロシア東洋艦隊の主力も、日本が要衝二〇三高地を奪取してからは、陸海協同の猛攻により、旅順港内で遂に殲滅されていた。

したがって、本当はさほどの心配は無かったのであるが、戦争には何が起きるか判らない。針小棒大の風説が流れるのも戦時の常である。まして常次郎のような、下っ端の兵士には詳しい事情は判らないので、疑心は暗鬼を呼んで、気味悪いこと夥しい。おまけに乗船した時、指揮官から敵艦の襲撃を受けることがあっても、決して慌てず恐れず、覚悟を決めて行動するよう訓示を受けたばかりである。

折から玄海灘を進むうちに、やがて接近する嵐の前触れか、海は次第に霧がかかってきた。陸上の霧はなかなか風情があっていいものだが、海の上の霧という奴はまことに手に負えない。今ならレーダーという便利な物があって、闇夜であろうと霧の中であろうと少しは楽であるが、昔は大変であった。昼間でも霧が深くなれば一間先が見えないこともある。闇夜は灯りで見えるが、濃霧の中では探照燈を照らしても光が届かない。

それに水の上は陸上と違い、簡単には船の行脚は止まらない。船が大きくなればなるほど舵も利かない。衝突すると一巻の終りである。船はボーッボーッと汽笛を鳴らしていたが、霧は益々濃くなり、遂に船は動かなくなってしまった。初めての船旅で、しかも危険な海域での霧中漂泊、こんな時敵艦にやられたらどうしょうかと、兵隊達の不安は募るばかりであった。

幸い何事もなく、霧は半日ばかりでようやく晴れてきたが、黄海に差しかかる頃から、今度は次第に海が荒れてきた。昔は気象情報など、今のようには発達してなかったので、針路予想もままならず、間もなく船は台風の真只中へ入ってしまったらしい。

自然の猛威の前には七千トンの船など木の葉のようなものである。縦に揺れ横に揺れ、上下に動けば、本職の船乗りでも気持ちの良いものではない。況や船旅に不慣れな連中ばかりである。船内は船酔いでゲロゲロが始まる。そうなると、もともと数の少ない厠は忽ち満員。こんな時の為にも仮設便所が用意されていた。

仮設と言っても流石に船の上だから水洗便所である。と言うと聞こえはよいが、実は甲板上舷外に、二枚の道板を張出し、これに横板で穴を仕切り、囲いをしただけの物である。比較的船酔いの軽い方だった常次郎も、次第に気分が悪くなり、遂に腹が抉《えぐ》られるようで、この仮設便所のご厄介になる羽目に相成った。

既に甲板は波しぶきに洗われ、危険極まりないが致し方ない。やっとの思いで用を足し、甲板を這って一間ばかり、漸く船室の手摺まで辿りついた途端、大きな音と共に、大波が舷側を襲った。振り向くと、まるで滝が逆流するような水柱が吹上がった。そしてそれが消えた瞬間、今しがた、常次郎の入っていた仮設便所は姿を消していた。メリメリという物凄い音をたてて、波に攫《さら》われていたのである。


流石の常次郎もゾーッとした。本当に運命の分れ目である。もしあとほんの少し便所に居たら、今頃はお陀仏である。おまけに誰も見ている人も居ない。折角の模範兵が悪くすれば、敵前逃亡の汚名すら被るところだった。命拾いとは正にこんな事を言うのであろう。

が、とにもかくにも大嵐を乗越え、六日には何とか無事大連に入港する事ができた。そして部隊は逐次それぞれの任地に向かった。

ところが常次郎は只一人だけ、皆とは別の第十師団第三野戦病院に配属された。渡されたのは簡単な地図一枚、これを片手に、常次郎は病院まで約十里（四十キロ）の道程を歩いて行った。五月十五日のことである。

温情の病院勤務

何分にも言葉も通じない不案内な外地を、とぼとぼ独りで行かねばならない。常次郎は些か不満であったが、着任してみると、こんな結構なところは他にはなかった。

病院長以下軍医や幹部職員は約三十五名、善行章をつけた後備の上等兵候補が五名いたが、後は看護卒と輸卒ばかりである。二等卒の常次郎でも大威張り。仕事は経理部附ということで、大した仕事はない。

二日に一度、二里半（約十キロ）ほど離れた糧秣部へ輜重車に乗って糧食受領に行くのが主な仕事で、責任者として輸卒や看護卒を監督しているだけのことである。他は毎日常傭の苦力つまり人夫を五十人ほど使って雑用をさせながら、その辺をぶらぶら見て回るくらいのもので、呑気なことこの上ない。

おまけに居住区は広々しているし、毛布もふんだんにある。酒や食べ物はお手盛りで、院長顔負けのご馳走にありつける。前線と違って先ずは命の心配もない。常次郎には天国のような所、改めて中隊長や大隊長の慈悲というか、配慮に感謝するのであった。

しかし、兵卒としての病院勤務は楽でも、傷病兵の数は増えるばかり。一月程後、北部馬《ほくぶば》石堡《せきほ》に新たに野戦病院が開設され、常次郎もこの病院に転勤した。

ここでも常次郎は大変重宝がられた。というのも、傷病兵を後送したりする時には、今のように救急車といった便利なものはないので、専ら人が担架に乗せて運ばねばならない。そんな時には近くの部落へ大勢の人夫を集めに行かねばならない。これが又常次郎の役目であった。

若さというものは有難いものである。一番後から来たのに常次郎は、すぐに満人達と融け込んで、日常会話など簡単な言葉は忽ち憶え込んでしまった。こうなると人夫集めや使役は常次郎の一人舞台のようなものであった。

お陰で入隊半年も経たぬ三十八年六月十五日には、晴れて一等卒に進級した。補充兵でも優秀な者は進級させるという、制度改正があった為である。この時、第十師団同時入隊の補充兵で、他に進級したのは、野戦部隊の本部附きの二名だけであった。たかが病院経理部勤めの割には、よくよく破格の考課を得たものと見える。

おまけに本職の散髪の腕がある。職員以外にも、大勢の入院患者が居る。散髪をしてやると軍票ではあったが、将校で一円、下士官兵でも五十銭はざらにお礼を呉れた。他にも病院からも報酬としてそれなりの金子を呉れたので、時々兄の重太郎に、二円三円と送金してやった。

しかし、総てがうまくいっていた訳ではない。健啖家ではあったが、もともと胃腸の調子が必ずしも良いと言えない常次郎は、十二指腸を病んでしまうことになった。恐らく十二指腸潰瘍であったのではなかろうかと想像されるが、そこはお手のものの病院である。六月末から自分も入院患者に早変わりすることとなった。

当時の医療水準では一寸やそっとでは治る見込みはない。普通なら概ね後送ということで、内地に送り返されるところだったが、ここでも又、常次郎は院長に可愛がられていたと見え、自分の病院で療養させてもらった。それも軍医中佐の院長殿自らが、しばしば診察治療に当たるという厚遇である。普通は一兵卒など、よくよくのことがなければ院長殿に脈を採ってもらうことなどなかった。正に破格の厚遇であった。

戦局は既に去る三月奉天大会戦でロシア軍の南下を食い止め、五月、我が連合艦隊がロシアのバルチック艦隊を殲滅し、後顧の憂いだけは無くなっていた。しかし内実は、もうこれ以上戦争を続ける余力の無かった日本は、六月、アメリカ大統領セオドア・ルーズベルトによる和平調停工作の成功を密かに待ち望んでいたのである。そして九月には漸く待望の日露の講和条約がポーツマスで調印された。

そのような戦況であったので、今内地に帰すより、出来ればここで治療し、一緒に凱旋させてやろうという院長など上司の厚意であった。お陰で症状は一等症という、当時としては必ずしも安心はできない状況であったが、十月半ば一応全快ということで、元の勤務に戻ることができた。

この間、当時の皇太子、後の大正天皇が慰問の為渡満、一等症患者の故を以って金五十銭を拝領した。金五十銭を拝領したくらいで有り難がるなど、今の人には到底理解できないが、明治の男常次郎には、大変光栄なことと感激したのであった。これが昭和になると、「恩賜の煙草を戴いて　明日は死ぬぞと決めた夜は」などと歌われるくらい、恩賜の金品は、兵士懐柔策の最も有効な方法となってくる。

それはさておき、戦も終ったので年も明けて一月末、常次郎達は愈々帰国の途につくこととなった。

晴れの凱旋

柳樹屯《りゅうじゅとん》より兵庫港の和田岬まで、今度は楽しい船旅であったに違いない。行きは大変な目に遇うところだったが、再び見ることもないかもしれないと思った日本の、殊に美しい瀬戸内の景色は、荒涼たる満州の戦野に比べ、正に母国の有難味、これからの人生に希望を感じさせてくれたであろう。三十九年二月十二日には姫路の原隊に帰着、十六日めでたく召集解除となり、帰郷することとなる。

と言ってしまえば何の事もないが、実は常次郎この間、一生を通じてこの凱旋ほど嬉しいことはなかったようである。自伝には「凱旋兵　よくぞ男に　生まれける」と記している。それ以外にも「国民の熱狂歓迎振りは空前絶後、前代未聞、古今未曾有、筆舌に尽し難い」と最大級の形容詞を連ねている。よほど嬉しかったものと思われる。

列車が姫路駅に到着すると各界名士出迎えの中、指揮棒一閃、待ち構えていた軍楽隊が高らかに誉れの曲を演奏する。駅頭には木組に杉の葉を装い、日の丸に十六条の旭日旗が高々と掲げられた大きな凱旋門。そして、駅前広場から沿道を埋め尽くす人々の群れが、日の丸の小旗を打振り、万歳々々と歓呼の大声をあげる中、軍楽隊を先頭に威風堂々の凱旋行進。夜には白鷺城下の町々を、老若男女を問わず浮かれて練り歩く提灯行列のざわめきに、戦勝祝賀、凱旋の気分は更に高潮する。

それにしても大東亜戦争に敗れ、孤影悄然として故郷に辿りついた昭和の兵士とは、正に月とスッポンの相違である。

常次郎は自伝に、日露戦争の経緯を略記し、ロシアの南下侵略主義を批判している。幕末、正面から開国を迫る米英を前門の虎とすれば、日本の手薄に乗じ、無法に千島樺太を占拠したロシアを、後門の狼と断じている。日清戦争で獲得した遼東半島の利権を、日本は露独仏の三国干渉によって泣く泣く手放さざるを得なかった。それから十年、明治の日本にとって正に臥薪嘗胆《がしんしょうたん》の期間である。自らも同じ思いで、青少年多感の時を過した。

そして日露戦争の勝利と、大東亜戦争の敗北を、共に体験した常次郎は、力こそ国家存立繁栄の基盤であると確信していた。昨今自衛隊を税金泥棒呼ばわりする世相に、痛憤を禁じ得なかったのは当然の事であったろう。戦勝を経験した世代には、敗戦しか知らない世代が、実に歯がゆいことであったろう。

が、それはさておき、常次郎は母の待つ懐かしい三田に、今度は名誉ある凱旋兵として帰還した。近所の人々は勿論、町中のお偉さんやそれぞれ顔役の人達も鄭重に出迎えてくれた。小学校の児童達も駆出され、兵士達が凱旋する度に、三田の駅頭や鎮守の森に集まり、「めでたく凱旋なされしか　ご無事でお帰りなされしか」の歌を唄いながら出迎えてくれた。

しかし、同じ凱旋兵でも常次郎は、他の連中のように温泉に保養に行ったり、のんびり身体を休めている暇はなかった。身体と言えば、病院長は内地に帰還後、常次郎を衛戍病院に入院させ、徹底的に治療させてやるつもりであったが、常次郎はこれも断った。母も首を長くして待っているし、先に凱旋した兄重太郎のことも気がかりだったが、何よりも先ず、自分の店を再建しなければならない。

又々出直し、愚兄賢弟の悩み

留守の間、店は一時借り手もあったらしいが長続きせず、安普請の借家だから多少の手直しもせねばならない。またその間、馴染みの客も他所の店に取られ、すっかり客足も落ちてしまっている。馴染みの客と言っても出征前の営業期間は僅か一年半である。言わば新規開店と同じようなものであった。

しかし、今度は最初の開店時よりは多少は楽であった。何しろ配属先は野戦病院と言っても、ドンパチの心配は全く無く、おまけに勤務は大変恵まれていた。外出して無駄な金は一切使わなかったし、前述のように散髪の謝礼は貰えるしで、凱旋する時には三十円ばかりも金が貯まっていた。

もっとも、凱旋できればできたで、出征時餞別のお礼もせねばならない。常次郎が何をお礼にしたか判らないが、日章旗と聯隊旗の図柄に本人の名前を入れた手拭風呂敷、銚子に盃等が一般的であった。今時骨董品として残っておれば、結構珍しがられるであろうが、殆ど目にすることはできない。

そんなことであれやこれやと物入りがあり、残った金は二十円足らず、これで店の手直しをして、いよいよ常次郎の人生行路、再度の船出というわけである。

しかし今度は何と言っても名誉ある凱旋兵である。散髪しながら戦争の話など聞かせてもらおうと、客足も追々戻って、何とか親子三人は口に糊することが出来るようになった。何故親子三人かというと、兄重太郎が常次郎より一足先に凱旋していたのである。

それは誠にめでたいことであったが、この兄は相変わらずのぐうたらで、何の仕事もせず、か細い母くまのすねを齧っていた。母は常次郎の帰るのを一日千秋の思いで待っていたのである。重太郎は手に職も無く、さりとて商売を始めるような、金も無ければ甲斐性も無い。

悩みの種のこの兄を放っておけばまたぞろ、博打でも始めるのは火を見るより明らかであった。

重太郎自身は一向に無頓着で、ややもすると極道に走ろうとする。それでは父辰蔵に何としても申訳がないと、常次郎は兄を諌めるのであった。戦争中も弟の常次郎から時には小遣いを二円三円と送ってもらっていた重太郎は、この頃からどちらが兄でどちらが弟か、判らなくなってきたようである。

重太郎にどんな仕事をさせたらよいか、名案もないまま常次郎は、なだめすかして床屋の仕事を教えることにした。しかし何と言っても兄は兄、目下の者に教えるようにはいかない。双方ともすぐに匙を投げてしまった。

それでも常次郎は、ここで本当に匙を投げてしまっては、父辰蔵に申訳がないと思うのであった。常次郎には辰蔵が常々洩らした己の人生に対する悔恨と、己の轍を踏まないでほしいという願いが忘れられない。忘れられないだけではない。絶対その願いを遂げなければならないという、強固な意志があった。

色々思案したり相談したりして、今度は鶏を飼うことにした。勿論金も無いので一度に沢山の親鶏は買えないが、親鶏に卵を孵えさせれば段々殖えてゆく。これなら元手もそんなにかからない。という訳で数羽の鶏を買い求め庭先で飼うことにした。

兄の重太郎にもこんな事は性に合ったと見えて、よく世話をした。そして卵から孵えった六十羽程の雛の中、五十羽程が元気に育ち、ちょうど松茸山のシーズンを迎える頃には、若鶏としていい値が付けられるようになった。昨今と違い、当時の三田は松茸の名所であった。客を案内し山で松茸とかしわのスキヤキは、大変な贅沢でもありご馳走でもあった。

そんなことでこの鶏を売り払った金が二十五円余りになった。これは恐らく重太郎が、人生初めて真っ当な仕事をして得た金であったかもしれない。その意味では極めて貴重な金子である。

常次郎はこれを元手に何とかまともな商売でも始めるように勧めた。しかし重太郎には全くそんな気は無かったようである。額に汗して得た金は、たとえ僅かでも博打で儲けたような金とは訳が違う。重太郎にはこの金の値打ちが判らなかったのであろう。

もっとも昔の養鶏など昨今のブロイラーと違い、庭先での放し飼い。野良犬、野良猫、青大将の類には気をつけねばならないが、餌さえやれば大きくなる。数十羽の養鶏など、大の男には片手間の仕事のようなものであったろう。それだけにこの金の値打ちが判らなかったのかもしれない。

常次郎の勧めにも拘わらず、重太郎は一向にその気にならない。生れ故郷の三田で、こんなはした金で商売を始めるのは嫌だから、何処か他所の土地へ行って何かやると言う。それも仕方ないだろうと思い、常次郎も好きなようにさせた。

そうするうち、重太郎から手紙が来て紀州田辺の大庄にいるという。常次郎は目の前が真っ暗になるほどの失望と落胆を覚えた。この大庄というのは、紀州から伊勢路にかけてを縄張りにしていた熊本庄七という大親分であった。辰蔵とは兄弟分で紀州田辺の網元である。嘗《かつ》て常次郎を養子にと懇望してきたこともあったが、常次郎は勿論そんな話には一顧だに呉れなかった。ところが、何と重太郎がこの大庄の世話になっているというのである。

常次郎はこの大庄にも色々と頼み込み、また本人にも再三再四、手紙を出して正業に就くよう説得した。やがて一年ほどたって重太郎が飄然と戻ってきた。りゅうとした絹の着物に、何と自転車に乗って帰ってきたのである。その自転車はラージという最高級のもので、当時の三田では誠に珍しく、人目を引くに十分であった。

後で判ったことであるが、実はこの金、大庄が何か堅気の仕事を始めるようにと、重太郎に呉れたものであった。恐らく常次郎の切なる願いに感じたのであろう、しかも百五十円もの大金であった。だから勿論、当座の金は結構持っていたようで、常次郎はそれを元手に何か始めるように喧《やかま》しく勧めたが、一向に効き目がない。そのうち、その金もすってしまったようだが、都合よく又も重太郎には棚ぼたのような金が舞い込んできた。

それは甲種合格の現役兵として、日露戦争に最初から従軍した重太郎が、戦後の論功行賞で勲八等旭日章と同時に、二百円もの大金を授与されたのである。常次郎は今度こそはその金で何か仕事を始めるよう説得したが、これもまるで利き目なし。結構なことと言えば、重太郎がいい按配に嫁を貰った事ぐらいで、やがてその金もすってしまって、またぞろ、常次郎の所へ転がり込んでくるが、今度は常次郎も大困り、何しろこちらも新婚早々である。

つねとの出合い

しかも新婚早々とは言いながら、こちらも貧乏所帯に変わりない。何とか重太郎達には出て行ってもらったが、新妻のつねも思いもよらぬ闖入者には大いに面食らったに違いない。新婚波瀾の幕開けである。

波瀾と言えば、妻、つねも悲劇の初恋に破れ、失意流浪の身を異郷の三田に置いていた。そんな矢先、つねは常次郎と運命の出合いを果すことになる。この出合いが結果的に幸福であったか不幸であったかは別として、恐らく最初は常次郎の一目惚れに始まったに違いない。何しろ目も覚めるような美人が、降って湧いたように隣の家に現れたのである。他人はそうは思わなくても、常次郎には眩しいほどに思えたであろう。

十九才で奮発、再起を誓ったが、志半ばにして軍務に服すること一年有余、そして又捲土重来、奮励努力の真最中である。その間、脇目も振らずに精進これ努めて来た常次郎である。この若い盛りの常次郎が、突如隣家に舞い降りた鶴に、目を奪われないという方がおかしい。隣の家というのは有馬館という料理旅館であったが、つねは世話する人があって、この有馬館に働きにきたのである。つねも又数奇な運命に弄ばれていたのであった。

つねの生家は姫路の船場である。商品の流通を主に水運に頼っていた時代、例えば水の都大阪で、船場のいとはんと言えば大きな商家のお嬢様のことである。姫路でも昔大阪ほどではないが、船場川沿いには大きな商家が並び、船着場には倉庫が立ち並んでいた。つねはそんな商家の一軒、当時砂糖や雑穀を商っていた福雄家の次女として、明治十八年一月六日に生れた。しかし、母親ぬい（戸籍名あい）の乳の出でも悪かったのであろうか、生後間もなく出入りの魚屋に里子に出された。

ここまでは当時としては、ままあることで一向に珍しくも何ともない。ところが生後半年も経つか経たぬかの、六月十九日には、里親の泉浜吉、きぬの養女として、届けがなされている。養父母の浜吉ときぬが、つねを溺愛したことは確かであるが、それにしても生後半年余りの乳飲み子を、何故さっさと養子に呉れてやったのか些か解せない。と言うのも、当時盛業中の福雄の側には、口減らしをする必要など考えられなかった。

一方養父母の浜吉夫妻には大した財産などあった訳ではない。ただ、本家跡取りの兄の平吉という人はなかなかのやり手であったらしく、魚の卸しで当時姫路の第十師団長の有栖川宮に気に入られ、自宅のご用は勿論、軍に食料品等を納入していた。軍の御用達は勿論、何より皇族有栖川宮家のお眼鏡に適うということは、当時としては大変な名誉でもあり、社会的信用も計り知れないものがあった。

これは余談であるが、つねもその縁で有栖川宮家に一時行儀見習をした。その為か、つねは後年、相手によって必要な場合には、何処の令夫人かと思われるような、応対言葉遣いをすることがあった。

そして大正昭和になって、常次郎と同年輩の平太郎の時代、更に業績をあげ、軍の御用商人として姫路でも有数の商人になるが、それは後の話である。分家した浜吉自身が貰ったのは妻鹿の町中に、猫の額ばかりの土地と埴生の宿である。女房のきぬが小作として畑仕事をしながら、浜吉が魚のボテ振りで船場の方へも商いに回り、福雄にも出入りしていたのが、そもそもの縁であったらしい。

その後成人するまで、生家の福雄との行き来がどうであったか知る由もないが、つねにとってはこの妻鹿《めが》が故郷である。

つねの故郷、妻鹿

灘の喧嘩祭で有名なこの妻鹿は、半農半漁の極めて濃度の高い地縁社会のようであった。そしてその精神的支柱は、何と言ってもこの喧嘩祭であったろう。正式には松原八幡神社の灘祭というが、秋十月の十五日、近隣七ヶ町村からだんじりが勢揃いしてお宮入りする。

そのだんじりたるや、永年氏子の各町村が、絢を競って造り伝えてきたものである。金銀漆に緞帳彫物、金糸銀糸の飾綱に至るまで贅の限りを尽して、重さは二トンに及ぶものもあると言われている。このだんじりを若者達が、お旅山と称する小山の頂上まで担ぎ上げるのであるが、それを反対側の山腹に設けられた桟敷から見物する。

更に見ものは麓の広場での神輿のもみ合いである。だんじりとは別に、各町村屈強の若者が担ぐお神輿を、ぶっつけ合って勢いを競うのである。誠に勇壮と言おうか乱暴と言おうか、喧嘩祭りの所以でもある。怪我人は毎度のこと、昔は死人が出ることも珍しいことではなかったようである。勿論桟敷では、親類縁者を招待し、酒やご馳走に浮れた見物人も熱狂する。由来妻鹿の祭には、一年の稼ぎをこの日の為に使うとまで言われていた。こんな祭りが郷土意識を高めるのであろうか。

祭りだけではなく、漁村の常として、漁師は一度海に出れば一蓮托生の協同社会である。絶えず危険にさらされる海の男には、強い連帯感が生れるのも当然のことである。

こんな妻鹿で大きくなったつねは、年をとってからもこのお祭りが最大の関心事のようであった。お祭りで妻鹿に帰ると、言葉遣いまで生き生きと妻鹿弁になり、幼馴染と話す時は如何にも嬉しそうであった。正に水を得た魚のようにはしゃいでいた。昔から、氏より育ちとも言うが、つねはすっかり妻鹿っ子として成長したのであろう。

そんなつねにも恋の花咲く春が訪れた。相手は川一つ隔てた阿成《あなせ》の造り酒屋の倅、田宮某である。つねの若かりし頃の写真を見ると、なかなかの美人である。昔の写真館には色々と撮影用の貸衣装が用意されてあって、つねが友達と撮った看護婦姿は、豊頬明眸、生来の色白とあって、贔屓目かもしれないが、白衣の天使さながらに思える。或いはつねは、当時女性の花形的存在であった看護婦さんに憧れを抱いていたのであろうか。

そして今でもそうであるが、写真館では出来の良い写真を、ショーウインドに飾る。この写真で見初めたのであろう、若い田宮某はつねに一目惚れしてしまった。

今のようにプライバシーなどやかましくない時代である。何処の誰だかすぐ判る。しかし昔は家柄とか格式とかが誠にうるさく、男の方は造り酒屋の御曹司、片や川向こうの妻鹿の貧乏人の養女とあっては、ロメオとジュリエットと言わぬまでも、そうすんなりと事は運ばない。ましてその時代、姫路の女中は家島、芸者は妻鹿、と言われたそうで、それだけ貧しかったが、遊芸事は結構盛んであった。

これは別に妻鹿に限ったことではないが、当時の一般的な風習として、つねも芸事を一通り以上に習わされた。それがたたって一時芸者にさせられそうになったらしい。流石にそれだけは、福雄の方から文句が出たようである。浜吉きぬの養父母がつねを可愛がったことは間違いないが、一方では自分達の老後はつねに養ってもらおうと考えていた事も事実であった。

それに当時の妻鹿は漁村の常として、あまり衛生的な土地柄とは言えない。精進潔斎して酒を造らねばならぬ醸造元にしてみれば、出自がどうあれ、今は妻鹿の貧乏人の養女になっている娘など、真っ平である。況や、年老いた養父母の瘤つきでは、いよいよ難しい。

当然、福雄にもこの恋の成行きが判らぬ筈はない。嫁入り道具のことなら、人並はおろか二人前でも用意する。事と次第によっては、養子縁組を解消し、福雄の娘として嫁に出すくらいの話は出たかもしれない。義理と人情、恋と現実の板ばさみに、つねの若い胸は痛みに痛んだことであったろう。

しかし、生みの親より育ての親という言葉通り、つねは自分を育ててくれた浜吉夫婦の恩を、己の恋の為にないがしろにする訳にはいかなかった。恩義に篤いつねの、人間としての誇りと、潔癖さがこれを許さなかったものと思われる。

そして一女かづまで生《な》した恋も、遂に破局を迎えることとなる。因習と偏見に満ちた時代の、ありふれた恋の結末であるが、田宮某もその後生彩を欠き、造り酒屋の方は廃業してしまったそうである。因みに墓は阿成にあり、戦前の銘柄は「姫錦」と言うらしい。

悲恋の果てに

勿論恋に破れたつねの心が安かろう筈はない。かづが生れたのは、つね二十才の夏。今流に言えば十九才である。昔の人は早熟であったとは言うものの、自ら望んで養女になった訳ではない。傷心の娘に実の親、源七とぬいがどれほど救いの手を差し伸べたのか判らないが、どうもあまり親身に面倒をみたようにも思えない。

一方養親の方は女房のきぬが大変強気な女で、浜吉は尻に敷かれ放し。畑仕事は専らきぬがやり、浜吉は魚の行商に追い回されていた。つねが大きくなった頃から別れるの別れないのとごたごた続き。運命の悪戯は一家に波風を立てたか、きぬの心にも荒みが出てきたと見える。

この頃きぬは、つねまで巻き込んで花札賭博に熱中し、借金まで作ってしまったらしい。もとより浜吉の稼ぎなど、底が知れている。その浜吉もそろそろ五十、当時の五十は結構の老人で、ご隠居してもおかしくはない。つねにしても、生木を裂かれるように別れた男は、呼べば答える川向こうに居る。そして恋の痛手と金のため、つねはかづを養父母達に預け、神戸に働きに出ることになった。

働くと言っても、つねの手に特別な職がある訳でもない。手っ取り早いのは女中くらいのものである。今で言うお手伝いさんである。しかし、昔の女中というのはそんな生易しいものではない。通いもあるが、大抵は住込みである。勿論労働基準法や人権等は論外の沙汰、朝は家人より早く起き、寝るのは勿論総ての家事が終わってから。掃除洗濯食事の用意、子供の面倒から老人の世話まで、ありとあらゆる仕事が待っている。それでいて、大概は雀の涙ほどの給金である。

つねの場合どうであったか詳らかではないが、常識的には家に仕送り出来るほどの給金が貰えたとは、到底考えられない。そんなつねを世話する人がいて、有馬館に来ることになった。勿論料理旅館であるから、水商売の客相手。いくら金のため、或いは遊芸事の盛んな妻鹿に育ったとはいえ、つねにはこれまた耐え難い苦痛であったと思われる。

まして見も知らぬ異郷の三田、今では自動車で訳もないが、当時の感覚から言えば相当の隔たりである。勿論言葉遣いだって妻鹿と三田では大違い。若いつねが耐え難い孤独感に苛まれたであろうことは想像に難くない。そしてそこへ、男気では親譲り、金は無くても頼りになりそうな常次郎が隣の家に居合わせたのである。

つねと結婚

勿論始めに言寄ったのは常次郎の方に違いない。話をしてみれば、姫路の師団に入営した常次郎のことだから、多少ながらも姫路のことがわかる。故郷恋しいつねには、こんなことでも親近感を抱く原因の一つになった。

二人にとって幸運なことは、常次郎がこの有馬館の主人福島徳三郎、通称徳さんの知遇を得ていたことである。軍隊でも常次郎は上司に可愛がられたが、親子以上も年の違うこの徳さんが、常次郎を大変気に入っていた。

後に常次郎は生涯の知己、また三田駅前発展の恩人の一人に、この福島徳三郎の名をあげているが、当時の有馬館は新開の三田駅前にとっては勿論、三田の如何なる老舗にも引けをとらない立派な店であった。この有馬館の主人が二人に愛の芽生えたのを見て、仲人を買ってくれた。普通なら結構な働き手を手放すのは勿体無いと思うところだが、つねもまた徳さんの気に入られていたのであろう。

若い二人の気持ちが燃え上がったとしても、いざ結婚となると、当然ややこしい問題がある。何よりもまず、妻鹿に預けてあるかづのこと。そして浜吉夫婦の老後のこと、どちらも簡単なことではない。つねは総てを打ちあけた。当然常次郎は「俺に任せておけ」ということになる。誠に恋は盲目である。

常次郎とつねが、夫婦として本当に相性が良かったかどうかは、神のみぞ知るところである。しかし結果的には火と火とでも言おうか、似た者夫婦とでも言おうか、瞬間湯沸器のように、共に激しい性格の持ち主であった。親分肌で一徹な常次郎、潔癖すぎるほど潔癖なつね、そして共に情熱的な二人であった。

後年犬も食わぬ夫婦喧嘩ばかりするとも知らず、人生航路船出の宴は、二人の他、仲人の徳さん夫妻と常次郎の母くまの五人が、スキヤキ鍋を囲んで祝杯をあげた。明治三十九年夏、常次郎二十三才、つね二十二才、共に数え年である。つねが三田へ来て三月余りであった。

恐らく一緒になるについては、常次郎がしゃにむに事を運んだであろう。仲人には妻鹿まで出向いてもらい、浜吉も三田にやって来て話がまとまった。但しそれには条件があった。

第一は、泉家に養子として入籍すること及びかづを常次郎夫婦の嫡出子として入籍することであった。二つ目は、かづの養育費と浜吉夫婦の扶養の問題、三つ目は、後日結納金として然るべき金子を納めること。これは借金穴埋めの為だったらしい。

勿論、惚れた弱みで、常次郎に異議のあろう筈もなく、戸籍上の手続きや、事が金で済む問題は、多少の時間を要したがすべて履行解決した。かくて常次郎が、心中深く期していた中川家再興の決意も、あえなく雲散霧消、あまり当てにもならぬ兄重太郎にそれを託すことになる。些か常次郎には分の悪い話かとも思えるが、誠に恋は魔物である。

ここで解せないのは、つねの実家福雄との関係である。前記結納金はきぬとつねが作った、博打の借金返済の為と常次郎は記している。つねが働きに出たのもこの借金のこともあるかもしれない。恐らくつねも、嫁入りの道具らしいものはなく、着の身着のままで一緒になったのではなかろうか。

しかし、しがない床屋の常次郎が腕一本で稼ぎ出した金で、カタがつくくらいのものなら、当時の福雄の財力なら何とでもなったと考えられる。或いはこの結婚については、福雄の方に無断で話が進められたのか、それとも福雄は反対だったのか、いずれにせよつねにとっては、身内が誰もいない淋しい祝言であった。

それでも若い二人には希望の春が訪れた。そんな新婚家庭に重太郎夫婦が居候の件は前述の通りだが、そうでなくても兎小屋のような狭い家に、母のくままで同居となれば、今の人には到底考えられない生活である。しかし常次郎の仕事の方は段々と客もついてきた。

駅前こそ我が故郷

それにつけても店が有馬館に隣合せたことは、二人にとって大変有難いことであった。主人の福島徳三郎は長尾村から隣の道場村の質屋に入婿したが、なかなか事業熱心な人で、大阪でも色々商売を手がけているうち、福知山線開通に伴い、三田駅前の将来性に目をつけたのである。

この有馬館は間口二十間、奥行き数十間という大きな籬《まがき》を構え、女中仲居や出入りの芸者衆なども大変な人数であった。それだけの店を構えるからには相当の客がつかなければならない。それには三田だけでは駄目である。近在近郷は言うに及ばず、福知山線沿線一帯からも客を呼びたい。何と言っても、まず県下に三田駅前を有名にする必要がある。

そこで徳さんは先ず同郷の名士、有井武之介を手始めに、次から次へ有力者との交流を深めた。その範囲は地元三田のみならず、近隣近郊一円に及んだ。中でも神有電車、現神戸電鉄の創始者でもある山脇延吉は、同じ道場の出で、後に永く兵庫県会議長を勤めた。

徳さんはこれらの人々に常次郎の店を熱心に宣伝してくれた。常次郎もまたその期待に応えるだけの誠意を持って応対した。有馬館に来たついでに散髪しようか、そして散髪していい男になったから、ついでに一寸有馬館で一杯やろうか、というような相乗効果もあったかもしれないが、より恩恵を蒙ったのは常次郎の方であった。

二人は年の差を越えて、駅前のパイオニアであり、その駅前を良くしようという点では、お互いに同志のようなものであった。常次郎はある時自分の信念を徳さんに披瀝した。「上手は声なくして人を呼ぶという金言があるが、私はこれをモットーにしている」と言った。もっともその頃、モットーなどともっともらしい言葉が使われていたかどうかは、甚だ怪しいものであるが、常次郎の言わんとするところは次のようなものである。

三十銭の散髪賃を貰って三十銭の仕事をするのは当り前のこと。しかし私は三十銭の料金を貰うからには、必ず三十銭以上の仕事をする。だから私は客にはぺこぺこしない。徳さんはこれを聞いて大いに感心した。こんなことも徳さんが常次郎に惚れ込んだ原因の一つであろう。

とは言うものの客もなかなか大変だった。常次郎にかかると、客の頭は常次郎の芸術作品の素材に過ぎない。ぐいと頭を横に回され、迂闊に動かしたりするとどやされる。とにかく納得のいかぬ仕事はしない。後年大勢の弟子達を抱えても、店に居る時は最後に必ず弟子のやった仕上り具合を点検する。気に入らなければ自分で気に入るまで、手直しをするという具合であった。客もそんな常次郎の職人気質に納得した。

一方俗に、床屋談議とも床屋政談とも言うが、話好きで人怖じしない常次郎は、仕事をしながら名士達とも大いに談論風発、大袈裟に言えば駅前サロンであり、メディアの発達しない当時、地元情報の溜り場ともなった。

更には客との話が、常次郎には大いに勉強になった。勿論雑学ではあるが、正規の学問をさせてもらえなかった常次郎にとって、職場は己を磨く場所でもあった。常次郎には一を聞いて十とまでは行かなくても、少なくとも二や三を知る怜悧さがあった。

不思議なもので、有名人の客がつくと、何となく評判が高まってくる。客が客を呼んで、店の方も次第に順調になってきたが、常次郎は自分の事だけやっていた訳ではない。

二、義侠心と正義感

理髪業組合を率いる

若き組合長

凱旋した年には早くも推されて三田の組合の世話役になっている。今で言う理事のような役割であったか。

当時は男の床屋と女の髪結い合わせて二十三名で理髪業組合と称していた。組合長は取締と称していたが、それは床滝という博徒肌の横暴な男で、組合員はまるで己の子分のように考えていた。寒い時には股ぐら火鉢で上座に坐り、何かにつけて組合員から金を集め、自分勝手に使っていた。いちゃもんでもつけようものなら、忽ち商売をさせんぞと脅かしをかけてくる。

それというのも組合を管轄していたのが警察で、取締の床滝は虎の威を借る狐のようなものであった。恐らく警察でもそのあたりの事情は判っていたのかもしれないが、何分にも官尊民卑の時代である。何とか治まっていれば、そのままにしておいたのであろうが、そこへ若き常次郎の登場と相成った。

親譲りの侠気を見込まれ、恐らく組合員に推されての世話役就任であったろう。組合は忽ち真二つに割れた。その間色々と軋轢があった。しかし正義感に燃える常次郎の力の前には、床滝親分も目じゃなかった。旧組合は解散、時の三田警察署長家城警部の斡旋で新組合が設立され、常次郎は組合長に就任した。弱冠二十五才である。

因みにこのような新旧対立は各地に見られ、当時有馬郡全体を管轄していた三田警察署もその対応に手を焼いていた。そこで早速常次郎に郡内の組合の一本化を求めることにした。常次郎は仕事の合間を縫って駆け回り、警察の後押しもあってか、僅か二年足らずで男女八十余名を擁する有馬郡理髪業組合の設立に成功した。勿論常次郎が県下で最年少二十七才の組合長である。

念願の我が家を

この年、常次郎今までの借店の反対側に、新たに自分の家を買った。金千百五十円である。勿論自分の金がそんなにある訳がない。手元の金は僅か二百五十円、不足のうち大方の八百円は、買った家をつねの実の父、源七名義にして、福雄から借りている。この頃になって、漸くつねも福雄と実の親子らしい間柄に戻ったのであろうか。買った家はそのまま一年余り人に貸しておいた。

ところが仕事が忙しくなる反面、常次郎は慢性的に胃の具合が悪くなった。以前戦地でも十二指腸を病んで酷い目にあったが、今度もこのまま放っておくと二の舞になりかねない。ここは店を休んでも、しっかり治す必要がある。しかし、ここで長い間休んでは、折角の客も離れて元の木阿弥になってしまう。常次郎は常次郎なりに色々と考えた。

と言うのも、つねと結婚後、約束通り苦しい中からも、かづの養育費として二円五十銭を添え、月々何某かの金子を妻鹿の養親に送っていた。それは当然、相当な負担であったに違いない。そこで常次郎は機会のあるごとに、苦労はかけないから三田に来て一緒に住んでもらいたいと、再三交渉したが応じようとはしなかった。それも無理からぬ面もある。

そこで常次郎は、今なら先に買った家にも結構な買値がついていることだし、売れば借金を全部返しても当分の間は困らない。いずれ養親の面倒をみなければならないのなら、一緒に住む方が何事にも都合が良い。一層の事、妻鹿に引越してゆっくり静養し、充分に健康を回復してから、再起を計ろうと考えた。

常次郎にしてみれば、これ又至極当たり前の話である。

人生ボタンの掛け違え

つねに話したら相談してみるという事で、妻鹿に手紙を出した。しかし、今来てもらっても困るという返事で、この話は立ち消えになった。この時はそれで済んだが、後にこの件は、つねが妻鹿の方に断るよう頼んだということが判った。これが後々まで二人の間に、というより常次郎には不快の種になる。

つねにしてみれば、こんな話は真っ平だった。本当は、つねは夫の常次郎が、床屋なんぞでなければよかった、と思っていた。しかし自分を苦境から救い出してくれた常次郎に、あからさまにはそうとも言えない。まして新婚早々である。そこで手紙で婉曲に断ってもらったのも、つねにしてみれば精一杯の智慧であった。

つねにとって、妻鹿は故郷である。見知らぬ人ばかりの三田でならまだしも、自分の故郷へ床屋の女房に成り下がって帰るというのは、どうしても嫌だった。それに川向こうにはかづの実の父親もいる。恐らくこの二つの事で、つねは妻鹿行きを渋ったのであろう。

常次郎にしてみれば、つねはかづとも一緒に住めるし、養親たちにも、自分にも都合が良いと考えての思案であったが、はっきりした理由も言わずに断られたのは、甚だ心外であったろう。これが後につねの差金と判っては、常次郎の心安かろう筈はない。

かづの実の父親のことはさておいても、このことは二人の結婚生活に於ける最初のボタンの掛け違いであった。洋服のボタンなら掛け直せばそれで済むことであるが、心のボタンはそうもいかない。どちらも良かれと考えた事が却って良くないことにもなる。運命の皮肉である。

当時の床屋稼業は一般的には、あまり社会的評価を受けていない。そのことは、常次郎も肌身では感じていた。それにしても、常次郎が床屋になったのは、何も自分から望んでのことではない。西も東も判らぬ餓鬼の頃、父親から無理やり、そのように仕組まれただけのことである。常次郎にしてみれば、自分には疚しいところなど全く無い。人様の一番大切な頭や顔を扱う仕事、それによってお客の姿かたちを整える立派な仕事だと思っている。

余談ではあるが、床屋の始祖と言われている人は中御門何某というお公卿さんで、高貴の出であると常次郎は記している。但し、物の本によれば、業祖は建武二年（一三三五年）相模の国鎌倉で没した北小路采女助で、現在文京区西信寺に墓所並びに顕彰碑がある由、或いは中御門何某というのは常次郎の勘違いかもしれない。

それはそれとして、そもそも床屋という名前にも由緒正しきお墨付きがある。昔徳川家康が東海道征途の徒次、ある宿場で一泊した際、宿の床の間に腰を据え、髪を整え髯を当たらせた。戦塵にまみれての毎日、久振りのこととて大変気分爽快、ご機嫌になった家康は、以後床屋と称すべしとご朱印状を与えたというのである。些か笑い話めいてはいるものの、大真面目で百科事典にも出ている筈だと言っている。

また西洋では散髪の業は、元はと言えば医業から出たもので、外科医が兼業していた。理髪店の赤白の飴ん棒看板は、赤は血、白は包帯を意味し、外科医が巻いた包帯に血のにじんでいる様を看板にしたものだと言う。

異説諸々、生活のため散髪屋を始めたフランスの亡命貴族が、望郷の念忘れがたく、三色旗を巻いて看板代わりにした。或いは髯の濃かったナポレオンが、名人理髪師の技に感心して、三色旗を店頭に掲げるのを許したとか、他にも色々あるらしい。我々は常識的には赤が動脈、青が静脈、白が包帯を表すとも聞いているが、何れにせよ業祖が決して卑しいものではなかったと力説している。

そんな詮索はさておいて、実際床屋さんも無ければ困るし、人間自分の職業に誇りを持てなければ、こんな不幸な事は無い。しかし一方、極めて安直な商売であったことも確かで、中には随分といかがわしい人間もいたようである。第一、師匠の床市からして碌なものでなかった。それは常次郎自身が床市に愛想をつかしたくらいだから、床屋の程度がどんなものであったかは自分自身もよく知ってはいたが、身内の者からとやかく言われると話は別である。

何時の頃か判らないが、たまたまつねが里帰りした時に、つねの父源七が「常さんが床屋さんでなければ良かったに」等と言ったようである。黙っておればよいものを、つねもまたポロリと常次郎に洩らしてしまった。常次郎が激怒したのは勿論である。嫌がるつねを追い出してしまった。

一週間ほどして源七が詫びを言いに来たので、ようやく事が収まった。源七も又娘婿が床屋であることに偏見を持っていたようである。つねも常次郎と結ばれた頃は同様であったと言えよう。もしつねが、終生亭主の職業に嫌悪感が消えなかったとすれば、それは悲しいことであったとしか言いようがない。

新店舗常盤館

ともあれ、こうして妻鹿行きの話は立ち消えになり、胃病に悩みつつも常次郎は頑張らねばならなかった。翌年には先に買った家を一部改築、更に千三百五十円をかけて新店舗を建築した。

床屋の設備で最たるものは、椅子と鏡と洗面台である。後年更に店舗部分を拡げ最終的には七客分にしたが、当初は三客五客と増やしていったのであろう。僅々数年前、鏡は着物や帯を質に入れ、椅子はお貸し下されで始めた時に較べると、正に隔世の感であるが、昨今の理髪店と比較すれば、精々散髪屋という程度であった。

それでもこの常盤館と名付けた新店舗は当時の理髪店としては、三田は勿論、近隣近郷の如何なる店にも引けをとらない立派なものであったと言う。

しかし、又々借金の山である。銀行、頼母子講の他、個人的にも木下石松〈後出〉から百五十円など、自分でも言っているように、随分と身分不相応な借金をしている。

中でも借金を頼み込んだ山脇延吉には、

「ところで常さん、なにか担保にするものでもあるんかいな」と問われた。

「そうでんナ、家屋敷の方は銀行の抵当に入ってまっさかい、わしの男でどうでっしゃろ」

と言って二百円も借りている。

借りる方も借りる方だが、貸す方も貸す方である。恐らく貸す方は、半分は呉れてやる気持ちであったろう。常次郎は終生、山脇さん山脇さんと、この人を県下随一、否日本でも有数の偉人と尊敬した。それにしても常次郎は、それまで大した付合いもないのに、よく信頼されたものである。

これだけ借りまくれば、利子の支払いだけでも相当な負担であった。中でも当初福雄からの借金は、家を源七名義にして年利七分、利息だけでも月々五円弱になる。他にも借金が増えたので、最初の思惑通りには元本の返済も進まない。福雄からは催促される。そこでこれ又徳さんの世話で、勧銀（昔各地にあった地方銀行の一つ）からの年賦償還、今でいう長期ローンに切り替え、何とか苦しい中を乗り切ることにした。遠くの親戚より近くの他人、の譬《たとえ》のとおりである。

常次郎にとってはこれで、妻の実家に何も遠慮することはなくなったが、恐らく借金のストレスは大変なものであったろう。今ならストレスが胃潰瘍の原因になることとくらい常識だが、昔は精々「病は気から」程度の認識である。

この慢性胃病のために、医者にも相当の薬代を払ったらしいが、一向によくならない。しかしそれにもめげず、よく働いた。常次郎を突き動かしたものは、持って生れたど根性と言うか、負けん気と言うか、とにかくよく働いた。体を動かすだけではなく、仕事の勉強もした。

谷田探海との出合い

明治も終わりの頃ともなれば、床屋が散髪屋になり、そして理髪店と名前まで変ってゆくが、それにつれ理髪技術にも大きな進歩が見られるようになる。それまでの非衛生、非科学的なやり方に、一大革命を起したのは平馬魁亮という人であった。

もともと医学を学んだ平馬が、フランスやアメリカで理髪技術を研究し、更に自らの考案も加味して、全国にその画期的な理論技術を発表した。そして京阪神を中心に講習会を始めた。後に家に招いて暫く滞在してもらったこともあるが、この人を常次郎は日本の理髪技術の先覚者であり一大恩人と評している。

当時の理髪技術に飽き足らないものを感じていた常次郎は、早速講習会に参加した。その手引きをしてくれたのが偶然知り合った西村源三郎という人であった。どういう偶然だったか常次郎は、単に偶然としか書き残していないが、偶々車中で隣合せ、何となく雑談でも交わした事がきっかけかもしれない。とにかく常次郎には誰にでも気軽に話しかけ、気が合えば忽ち懇意になるという特技があった。

それはさておき、この講習会は毎週一回夜間に行われた。それも十二時、一時の深更に及ぶことがある。達者な人でも相当疲れて不思議ではないが、常次郎の場合、昼間は目一杯仕事をしてから、汽車に乗って大阪まで出掛けるのである。

終れば宿屋に泊まる他ない。昨今のようにビジネスホテルといった便利なものはなかったから、当然日本式、襖一枚で仕切られた安宿で、時には見ず知らずの人間と相部屋のこともある。二、三ヶ月は辛抱したが、これでは到底体が持たない。そこで何処か静かな泊まる場所はないものかと、西村源三郎に相談をしたところ、自分が檀家になっている大阪天満西寺町の冷雲院を紹介してくれた。

誠に偶然という不思議な糸にひかれ、宿を求めることになったが、常次郎が後に生涯の恩師と仰ぐ谷田探海はこの寺の和尚であった。

この寺を定宿にして研修に参加していたが、ある雨上がりの爽やかな朝の一とき、常次郎は座敷から無心にお寺の庭を眺めていた。雨に洗われた芝生や滴る緑の植込みが、常次郎の心を更に和ませていた。

その時、本堂で朝の勤行を終えた探海上人が、庫裡へ帰ろうとして廊下を通りかかった。部屋の障子は開け放たれていたので、常次郎の後姿が目に入った。その頃常次郎は例の慢性胃病で痩せこけ、体重も十三貫、五十キロそこそこであった。その憔悴した後姿に、探海上人は、

「泉さん、あんた何処か身体がお悪いそうやな」と尋ねかけた。常次郎は

「ハア、胃腸の具合が悪まんネン、お陰で神経もそそるし、心臓もちと悪いようで困ってまんネン」と通り一遍、気のない返事をした。上人は、

「まァまァ人は病の入れ物やからナー」と一言洩らし、そのまま庫裡の方へ下がって行った。

常次郎はこの一言に豁然とした。電気に打たれたように、天地同根、萬物一体、という言葉が脳裏に蘇った。それは二、三週間前に、上人が呉れた小冊子の中で見た一句である。この小冊子は上人が、

「汽車の中ででも読みなはれ」と言って呉れたものである。

常次郎にとって冷雲院は、別に仏教を修行する為でもなし、ただ便利で泊っているだけのこと。車中でペラペラとめくって、天地同根、萬物一体とは面白い事が書いてあるナくらいで、その本を何処かへやったかも、気にかけていなかった。ところがどういう訳か、その言葉が突如として脳裏に蘇ったのである。

上人の一言、「人は病の入れ物」というのは、昔から聞いてはいたが、なるほど、人間は病の入れ物、病の宿か。また、天地万物は我々と一体同根か。そんならその天地にさえ、天に天変、地に地異がある。共に天地の患いだ。天地さえ患うのに、病の入れ物である人間の自分が病気になるのは至極当たり前のこと。当たり前のことを気にして、ここまで弱っているこの俺は、間違っていたかナ。

なーあに、病気なんて俺の体の居候か。軒先を貸してやっているだけの厄介者だ。そんな奴を俺はあまりにも大事に育て過ぎていたのだ。これから病気は病気で勝手に生きて行け、俺は俺で勝手に生きてゆく。お前とはもう縁切りだ！

そう思うと常次郎は誠にさばさばした。身も心も軽くなった。常次郎は探海上人に一言お礼を言って帰途についた。恐らくこの日から天地万物、森羅万象は、常次郎に今までとは別のもののように映じたのであろう。

そしてこの日を契機に、このまま放っておけば胃癌間違いなし、とまで医者から言われた慢性胃病が、何時の間にやら治ってしまった。常次郎三十才の頃である。

と書いてしまえば、これは至って簡単な話である。しかし実際に、天地同根、萬物一体と言われても、単なる言葉の意味ぐらいは判っても、その言葉の持つ本当の哲理を理解する事は至難の業である。人は病の入れ物であるというのも、言わばありふれた俚諺である。しかしこのありふれた俚諺から、常次郎は天地同根、萬物一体という、仏教哲学の要諦、真理の一端を直感し得たのである。

語彙としては、或いは天地同根、萬物一体と言うより、天地一体、萬物同根と言う方が正しいかもしれないが、何れにせよそれは大した問題ではない。小学校四年の学歴しかない常次郎が、どうしてこんな哲理を感得出来たのか、これ正に天性のなせる業としか言いようがない。

これを契機として後、常次郎は仕事の傍ら、熱心な浄土宗信者としての道を歩むことになる。探海上人の教えを受け、一週間泊り込みでの修行も積んで、浄土宗の血脈である五重相伝の儀、誉号の授戒、啓泉院光誉常心寂住居士の戒名をもこの冷雲院で受けた。そしてその機縁となった西村源三郎を大いに徳とし、善智識と呼んでいる。

こうして仏教に目覚めた常次郎は生涯、よほどの事が無い限り毎朝勤行を欠かした事が無い。その音吐朗々たる読経は、駆出しの坊主などとても及ばぬ堂に入ったものであった。読経は常次郎の精神安定と、健康維持の最良策でもあった。そしてその信仰に基づき、常次郎は次第に確乎たる人生観、処世観を築き上げてゆくが、これについては別に記す。

三度目の大病

こうして常次郎は次第に健康も回復し、仕事も順調、子供も次々生れていくが、ことのついでに常次郎が患った三度目の大病は、大正七、八年世界的に流行した例のスペイン風邪である。このとき、巷には「常さんは死んでしまった」という噂が流れたらしい。それほどの危機を救ってくれたのは、これまた親交のあった近所の医師弓倉玄徳である。

この風邪はもともとスペインで発生したが、瞬く間に世界中に拡がり、日本でも多くの死者を出した。当時の医療施設は現在のように各地に大病院があった訳ではない。町医者が主力である。病院と称しても、入院治療できるのはごく限られた所で、午前宅診、午後往診といった医院が殆どである。入院設備の完備した大病院は極めて少なかったので、重病人でも自宅治療が普通であった。

医者が看護婦を連れて往診に来ると、家人は恭しく洗面器にお湯を入れ、医者はもっともらしく手を洗って診察する。終れば同じく手を洗って帰るが、その都度石鹸水まではなかなか用意出来なかったと思う。医者も精々簡単な手当てか治療を施し、或いは看護の仕方を指示して、後は薬を用意しておくから取りに来るよう言い残して帰る。

往診と言っても今のように自動車はない。精々人力車か自転車か、それも看護婦を連れての移動であるから大変である。このスペイン風邪は特に強力悪性で伝染力が強く、患者は大概高熱を出し肺炎を引起こした。医者や看護婦だってこの風邪には勝てない。お陰で全国的に忽ち医者不足、看護婦不足といった事態に立至った。


ところで常次郎は兵隊時代、殆どが満州での病院勤務であった。満州に行けば誰に習ったのか、忽ち簡単な満語を話せるようになり、現地人使役の役目をこなしている。病院でも役目は看護卒ではなかったが、そこはそれ門前の小僧習わぬお経を上げるというやつ、好奇心研究心の旺盛な常次郎は、大した用事もない経理事務の合間に、結構看護の真似事くらいは見覚えていた。

それにもともと世話好きの常次郎、散髪屋も元はといえば外科医の端くれのようなもの、切り傷、擦り傷、にきびやでんぽうの類の消毒や手当ては何でもない。常次郎が物知りで器用なことは近所でも評判だった。そこで、医者もなかなか診てくれない、看護婦さんもなかなか来てくれないと、常さんにでも頼むかということになる。

今なら医事法違反とか何とかで、する方もされる方も嫌がるであろうが、昔はそんなことあまり気にしていなかった。頼まれたら嫌と言えないのが常次郎の性分で、医者でもないのに真夜中でも看病に行ってやる。それにその頃は第一次大戦後の好景気で仕事も忙しかった。そんなことで疲労が重なったのであろうか、常次郎もとうとうこのスペイン風邪に罹ってしまった。

この風邪では三十代、四十代の働き盛りの男性や、女性では妊婦が沢山亡くなった。常次郎も先ず右の肺をやられ、毎日三十九度以上の高熱が続く、そして一週間ほどして今度は左の肺に移った。このような経過を辿った人は大抵死んでしまったが、常次郎は十一日間もの高熱に耐え、奇跡的に助かった。

この時、この男を殺す訳にはいかぬと助けてくれた人がいる。危篤の三日三晩を隣室に泊り込み、懸命な治療看護に当ってくれたのが、弓倉玄徳医師である。他にもこの医師看護婦払底のとき、福島の徳さんや花谷からも、医者や看護婦を寄越してくれたり、近所の人が大変心配してくれた。

このことは、常次郎を大いに元気づけ、そして感謝の気持ちを抱かせた。勿論仏の奇跡があったことも信じて疑わない。そして何よりも幸いだったのは、家族から罹病者が出なかったことであり、常次郎は罹病後二十三日目には早くも仕事を始めた。医者からは大文句を食らったが、年の暮の書入れ時とあって、そんなことにかまっておれなかったほど、店も忙しかった。

楽銭身につかず

人生山坂、苦もあれば楽もある。この苦難を乗越えた常次郎が人生最初の金運に巡り合わすのは、大正八年のことである。或いはこれは、業界の地位向上に腐心する常次郎の為に天が授けた幸運かもしれない。

常次郎が福島の徳さんを通じて創業当初から、当時有馬郡でも有数の名士だった、有井武之介の知遇を得ていたことは既述の通りである。この有井武之介が、ちょうどその頃、有馬の町長をしていた。そんな関係で徳さんと常次郎の二人は、町長の肝煎りで有馬の土地の払い下げを受ける事が出来た。

それも一割の手付金を打っただけの土地が、折からのインフレで忽ち値上がりした。そして一月後には倍額に売れ、一挙に四千五百円の巨利を手にすることが出来た。濡れ手に泡のこんな大儲けは、常次郎にとって空前にして絶後の幸運であった。

お陰で今までの借金は全部綺麗さっぱり、親交のあつた木下石松と共同で山を二町三反購入しても、なお二千円程の預金が出来た。ただし福雄への返済に充てた銀行からの借入金、年賦償還分は残額も僅か、銀行からの要請もあり、また金利も最低だったのでその儘にした。

それにしても仕事を始めて十年少々、早くから弟子をとって働かせていたというものの、床屋の稼ぎ等こつこつとした賃仕事である。その間常次郎は養父母の為、妻鹿の家の建て替えや、生墓を造る為に七百円もの金を使っている。当時の物価を考えると、床屋の稼ぎでよくそこまで出来たものと感心せざるを得ない。

何れにせよ借金を返して二千円もの大金が余ったが、常次郎は一向に有頂天にはならなかった。取引先の勧銀坊垣増蔵支店長からは、

「泉さん、あんたは偉い人だ。あれだけの大金を手にしても、全然今までと変らず、一生懸命働いていなさる」

と言って褒めてもらった。（当時、銀行支店長といえば地方では相当の名士であった）

しかし間もなく、かづの木下元治への嫁入りに、千円余りかかったのを手始めに、何やかんやの出費が重なり、この金は二、三年のうちにすっかり無くなった。要るべくして要った金で、決して無駄使いというようなものではなかったが、「悪戦身につかず」をもじって、常次郎はこれを「楽銭身につかず」と言っている。

とはいえ、この楽銭で借金を殆ど返済し、家業に金銭的な後顧の憂いが無くなった常次郎は、愈々多年の宿願である業界の社会的向上に、安心して取り組むことが出来るようになっ

た。

止むに止まれぬ義侠心

その頃、ちょうど第一次世界大戦の直後、日本は空前の好況に沸き返っていた。そして諸物価は高騰を続けているというのに、この業界だけは、旧態依然として各種料金は据え置きのまま、業界の不満困窮は募る一方であった。

その当時、料金の認可など生殺与奪の権は、専ら警察の所管するところであった。特にこの時期、三田の組合員からも組合長である常次郎に、善処を強く要望する声が強まり、その都度常次郎は警察に交渉に出向いた。しかし警察の答えは、「理髪料金の値上げは公衆に影響する事だから認められない」の一点張りである。何度も嘆願、当時は交渉とか要望とかいうものではない、一般的に言うと嘆願である。こちらが何度も嘆願しているのに、うんとは言わない。

役人の責任逃れは今も昔も全然変ってはいない。本当は警察でも事情は了解していたのである。度々の嘆願に三田の警察も閉口した。そして今度は、

「そんなに言ってきても、第一県が認めないのに、三田だけで値上げを認めるわけにはいかない」と言って方々の料金表を見せるのだった。

確かに近隣の篠山、柏原、三木、宝塚、伊丹と各地の料金表が揃っている。どこも上がっていない。これには常次郎も参った。仕方ないのですごご引下がってはきたものの、どうも解せない。何故三田の警察に、あんなに沢山、他所の料金表があるのか？

常次郎はどうもこれは怪しいと考えているうちに、ピンと来た。そこで近隣各組合に連絡をとってみる事にした。その時分のことだから、今のように電話等便利なものはない。あっても床屋で電話を引いているところなど殆ど無い。勿論常次郎も電話など無いから手紙か出向くか、方々連絡をとったり調べてみると、どこの組合も嘆願しているが、同じ理由で断られている。

常次郎は大いに腹を立てた。早速警察に行き、署長と談判に及んだ。もう嘆願ではない。成行きによっては喧嘩腰の談判だ。

「署長さん、あんた、他所は何処も値上げしてないと言わはりまっけど、値上げさせないのは警察の方じゃありまへんか。近所の組合調べてみたら、何処も困って嘆願しているそうでっせ」

「お宅がたかて、本当は判ってまんねやろ」

「署長はん達が集まって相談しやはったんとちがいまっか？　どだい、こないだの料金表、なんであんな関係無いとこのもんまでがありまんネン」

これには署長も閉口した。業界組合は今も昔も、行政の末端組織の一翼を担っていることに変りは無い。昔はもっと行政の上意下達の機関としての色彩が強かったと言える。常次郎は先にばらばらの組合を一本に纏《まと》め、県下でも模範的な組合にしてくれこともある。仕方がないので署長は、

「そんなややかましくに言うんやったら、あんた県へ行って許可を貰ってきなはれ」

「よろしまッ、ほんなら県へ行きまっさかい、係りの人に添書を書いておくんなはれ」と無理やり添書を書かせた。

署長の添書を持って、神戸の県庁へ出掛けた常次郎は岡田良一衛生課長に面談に及んだ。今時は、県の課長などといっても、掃いて捨てるほど居るし、市民も一向に大したものとは思わないが、当時県の課長というのは相当なお偉さんであった。どれほど偉かったかと言うと、勿論天皇の文官で、物々しい肩書きは、少なくとも当時既に正六位、勲六等以上。兵隊の位で言うと、中佐以上である。そこへ元陸軍歩兵一等卒の常次郎がねじこんだのである。

最初はなかなかうんと言わなかった岡田課長も、度々やって来て煩くせがむ常次郎に根負けしたのか、とうとう雀の涙ほどの値上げを認めてくれた。そして県下の各組合にも通達が届いたので、県下の各組合は皆大変喜んでくれたが、この時常次郎は痛感した。

今度の一件は何とか言い分だけは認めさせたが、他の諸物価と比較してまだまだ均衡がと

れているとは言えない。これは業界の社会的地位が低いからに他ならない。これを改善するには業界がもっと結束しなければ駄目だ。自分一人の力では限界が知れている。

かねて業界の社会的地位の低さを口惜しく思っていた常次郎は、愈々本格的に組合運動にのめり込むことになる。大正八年常次郎三十六才である。

愈々県連合会結成へ

今回の運動で常次郎が痛感させられたことは、行政には確固たる組織があって、意思の疎通や命令の伝達が自由自在である。それに較べて我々は、各地に組合こそあれ、それは実質的には単なる、行政の指導監督を受ける為の組織でしかない。

横の連絡がない我々個々の組合は、行政の分割支配の便宜の為だけに存在するようなものである。これでは業界は行政の思うまま、その地位向上等は、百年河清を待つに等しい。ここはどうしても、横の連絡を作らねばならない、と考えるようになった。このあたり、やはり父辰蔵譲りの侠気のなせる業であろう。

こうして常次郎は誰に頼まれた訳でもないのに、県下の組合を統合して連合会を結成する決心を固めたのである。

しかし何処から金が出る訳でもない、勿論自腹、今で言うボランティアというやつである。

先ずは隣の宝塚を手始めに、伊丹、尼崎、西宮から神戸、明石、加古川、姫路と、県下あまねく順を追って遊説して回った。もとより反対する者は無く、連合会結成は順調に事が運ぶかに見えた。

ところが何時の時代にも、又何処にでも、面子や沽券に拘《こだわ》る奴が居るもので、神戸が一旦賛成しておきながら異議を唱え出した。三田の田舎もんに牛耳られては、県都神戸の面子が立たぬとでも、考えたのであろう。神戸は神戸だけで先ず連合会を結成し、県連合会の主導権を取ろうとした。

ここに来て、神戸がそんな勝手なことを言い出すのなら、郡部は郡部で連合会を結成しようということになった。そこで御影で一回、明石で一回、たった二回の会合で、神戸を除く県下一円の各組合は、忽ち郡部連合会の結成まで事が運び、勿論常次郎が会長に選ばれた。

ところが神戸の方は一向に纏まらない。それでは神戸の面子が立たないので、県に泣きついて、郡部連合会の発会を抑えようとした。勿論郡部としては、神戸のそんな勝手な言い分は呑めない。一方、県としても、連合会を認めるなら最初から全県下統一のものでなければ行政上の対応が面倒である。統一を求める県とは当然意見が対立し、常次郎は度々岡田良一衛生課長と激論した。

しかし、神戸の方は依然として話が進まない。反対に郡部は着々と内部態勢を整えていく。そこで黙って見てはおれなくなった県が、色々斡旋して漸く市部連合会の目途がつき、会長には北出留次郎がなった。

そこで又一悶着が起きる。今度は事もあろうに、新たに出来た市部連合会に、郡部連合会が合併しろと申し入れてきたのである。今度は郡部も「へい、さよですか」と黙って言いなりにはなれない。当然のことである。

先に一緒に連合会を作ろうと持ちかけたのに、自分達の都合で出来なかったものを、やっと出来上がったら、今度はお前達も合併しろでは、話の筋合いが違う。一緒になりたければそちらから、先発の郡部に合併するのが筋道というものではないか。市部に沽券があるなら、郡部にも面子がある。常次郎ならずとも反撥するのは、至極当たり前のことであろう。今度は県も立場上困るので、色々中に立って熱心に両者の合併を要請してきた。

そこで常次郎は二つの条件を出した。一つは、双方とも解散し、改めて県下一本の連合会にする。二つは、県の取締規則を改正し、業者に加入を義務付けること。岡田課長もこれを名案として賛成し、色々斡旋仲介の結果、漸く兵庫県の連合会が結成される運びになった。妥協案として、会長はとりあえず岡田課長が就任する。勿論名目的な名誉職であるが、郡部と市部を代表して、常次郎と北出が副会長に就任、会長実務は常次郎が代行することで、何とか纏まりがついた。その間、実に三年の年月を要したのである。

こんな紆余曲折を経て、愈々兵庫県理髪組合連合は晴の発会式を迎えることになった。

時は大正十一年三月十一日、常次郎三十九才の頃である。

常次郎の晴れ舞台

この発会式は実に盛大且つ、堂々たるものであった。傘下組合数五十七、組合員男女合わせて五千七百余人、その各組合からもれなく代表者が出席した。その数約百五十名、組合員はそれぞれ紋付羽織袴かモーニング姿に威儀を正して参列した。

迎える来賓は、県知事以下官界の要職者、山脇延吉県会議長以下政界の名士、他経済界の有力者総勢合わせて約五十名、新装なったばかりの県会議事堂を埋めての盛儀であった。この時常次郎は、司会者として式次第の進行を司り、見事盛儀を成功させた。

常次郎に頼まれて、新装の県会議事堂を世話してやった山脇延吉県会議長も、祝辞に際し、業界の現況に対し極めて公正な評価をし、組合設立の意義を認めている。そして、この正々粛々たる発会式には大いに感心して、常次郎に賛辞を惜しまなかった。

思えば十数年ばかり前、男を質に金二百円を借りに来た男である。しかも田舎も田舎の三田の散髪屋が、堂々と県下の業界を代表して、こうも立派な演説をぶつとは想像もつかなかった。常次郎にしてみても、永年知己の恩義に、最も望ましい形で応えたのであった。

（この時の山脇県会議長の祝辞は、全文を附記してある。当時の業界の社会的実情を推察する上で、貴重な資料と思える。）

こうして発会した連合会は、約一年後に岡田会長が辞任、常次郎が実質的な初代会長に就任することになった。名誉顧問には県知事、山脇県会議長、及び岡田氏などが名を連ねた。そして一期二年の任期を終え、今度は当初の取決めにより市部から交替で会長が選出され、常次郎は常任顧問に就任した。二年後また会長職を一期務めた常次郎は、その後もずーっと常任顧問として、県下業界に重きをなすことになる。

業界制度の確立に向けて

県連合会が出来て常次郎が真先に手がけたのは、理髪師の試験制度を作ることであった。それまで理髪業者を取締まっていたのは明治三十三年に出来た理髪営業取締規則であるが、その制定の契機というのが何とも頂けない。某県知事が散髪屋で禿頭病に感染し、一夜にして丸坊主になったと言うのである。おまけに奥方にも感染したとなっては、県知事も黙っておれない。直ちに内務省を通じ、警察が散髪屋の衛生管理や器具材料の消毒まで監督することになったと言うのである。

監督する側も素人なら、される側も素人で、誠に不条理な話である。しかし、監督する側は何とか然るべき手を打つことは出来ても、受ける側に然るべき知識や技能がなければどうにもならない。常次郎は業界自体がその社会的責任を果すためには、自らが資質の向上を図らねばならないと考えた。連合会発足に際し演説した、権利を主張する者は義務を果さねばならないという考えである。

業界が正当な権利を主張するには、少なくとも理容の責任者が単に技倆のみならず、接客衛生に関する充分な知識や経験を備え、些かも客に対し衛生管理上の失態があってはならない。いやしくも理容業者は、人体の一部、しかも頭や顔といった最も大事なところを、極めて鋭利な刃物で手入れし、美容整形する技術者である。それが誰でも勝手にやれるというのでは、甚だ心許ない話である。その為には責任者の能力審査の必要がある。

常次郎は県当局と諮って、営業責任者に対する資格試験制度の導入を企画した。勿論県にとっても異存のあろう筈はない。

こうして兵庫県は全国に先駆けて、今までの丼勘定的な業者管理から、合理的な管理体制を整えることになった。連合会結成二年目の大正十三年九月のことである。常次郎も勿論業者を代表して試験委員の一員に選ばれ、その後十三年間務めることになる。

この試験制度は追々各地に普及した。隣の大阪から始まって愛知、岐阜、広島と、各県からの視察にその都度、常次郎は業者代表として積極的に応接した。

そしてこの試験制度の実施により、業者の資質向上を計る一方、年二回組合による自主的な巡回指導を実施し、業者の啓蒙、相互理解や親睦に努めた。県当局や所轄警察では数年来、どうにも出来なかった芦屋や川西の、業者間の紛争も、組合を介しての調停でようやく解決したこともある。

役得で面白い話も

もっとも巡回の時には、結構面白いこともあったようである。安積という当時は兵庫県でも相当な片田舎、龍野から揖保川沿いの山奥へ、十里近くも行った時のことである。

土地の警察で支部組合長の所在を訊いたら片道一里半とのこと。用向きを訊かれたので、斯々然々《かくかくしかじか》と言うと、とても其処まで往復してもらうのは気の毒千万、私が自転車で迎えに行ってくる。ついてはここで留守番をして、待っていて欲しいと言ってくれた。

警察といっても総勢三人の部長派出所である。残り二人の巡査も巡邏《じゅんら》にでも出掛けているのか、彼が出掛けたら、後には誰もいない。留守番はよいが、交番を預けられ、常次郎もこれには閉口した。昔は万事誠にのんびりしたもののようであった。その間に事件でも起きればどうしょうかと、二時間余りやきもきした。

また、署長に芸者を世話してもらったこともあったようだ。それは淡路に巡回に行った時のことである。

明石から連絡船で対岸の岩谷へ着くと、組合員と警察署長以下係員が総出でお出迎え、そのまま波止場の前の料理旅館に連込まれた。署長は元県衛生課の主事だった芦田福太郎氏で、もとより懇意の仲であった。そして早速四時から真夜中の十二時まで、飲めや歌えの大宴会、組合と警察合同の大歓迎に、すっかり酔払って寝込んでしまった常次郎が、ふと目を覚ますと枕元に若い芸者が坐っている。

どうしたんだと尋ねたら、署長さんからお伽をするように言い付かりましたと、常次郎のそばに入ってきた。（ほんまによろしゅうおましたナ）朝食を済まし帰る時、小遣いを遣ろうと言っても、そんなもの受け取ったら署長さんに叱られますからと、どうしても受け取らない。警察署長から女の振舞を受けたのは、常次郎にとって前代未聞の事であった。自伝には、この一件の末尾に「アハッアハッ」と書いてあったが、一体、ご巡回ご指導のほうは如何相成りましたのでしょうか？

また、昭和二年三月七日には丹後地方を大地震が襲った。この時には三田でも相当の揺れがあり、常次郎一家も総員屋外に避難、余震の終息するまで道路での生活を余儀なくされたほどであったが、常次郎は鉄道が開通するや直ちに、豊岡、城崎地方の視察に赴いた。勿論組合員見舞の為である。

惨状をつぶさに見てきた常次郎は、帰宅後直ちに活動を開始した。県下並びに全国的にも同業者に救援を呼びかけ、約一ヶ月後にはトラック三台を連ね、救援物資や業者一軒あたり六十円の復興義捐金を持参した。

先ず豊岡警察に赴き、救援の趣旨を話したところ大変喜んでくれた。ところが、この際、地元の業者には平素の半額で奉仕させるから、各地から無料で散髪奉仕にきているボランティアの人々を引き上げさせてくれるよう頼んだら、署長が顔を真っ赤にして怒り出した。

「無料で奉仕に来ている人々を追払えとは何たることを言うのか」という訳である。

常次郎は諄々と諭した。

「なるほど、無料奉仕は誠に結構。被災者の方々は出費が無くて助かるが、では、その為に仕事を奪われ、収入の無くなる地元の業者はどうなるのでしょうか?」

「客も被災者なら、業者も被災者。しかも業者は苦しい中を、平素の半額の料金で、ご奉仕しようと言っているのですぞ。共に乏しきを分かち合い、共に助け合ってこそ真の地元の復興につながるのではありませんか」

条理を尽した常次郎の説得に、署長もその不明を陳謝して、早速の手配を約束してくれた。

豊岡で組合員達へのお見舞いや相談、激励を済まし、城崎に着いた常次郎を迎えたのは、地元組合員は勿論、警察署長以下係員、それに町の有力者を交え、百人余りの人々である。中には歓迎の小旗まで持って、駅前通りの両側に堵列しての大歓迎には、常次郎の方が吃驚した。一体誰様へのお迎えかと思っていたら、署長が挨拶にきた。

「豊岡から連絡があり、来訪の趣旨に感激したので、組合員や町の有力者を引具してお迎えに参りました」という次第である。

これには常次郎も大変恐縮したが、これまでは何かにつけて田舎もんと軽蔑していた神戸市部の業者も、この震災には心から協力してくれた。しかし、情けは人の為ならず、因果は巡る昭和九年の阪神大風水害の時には、常次郎の呼びかけに郡部業者が即応し、直ちにお返しの救援に尽力した。

床屋や髪結いといった零細な業者としては、刮目すべき組合活動であったと言えよう。

山脇延吉県会議長の支援

こうした相互扶助的な活動は勿論、他にも常次郎は理髪業者に対する取締法規類の改正につき、県当局に積極的に働きかけた。中でも地方税として、当時業者に賦課されていた理髪税については、従来の三分の一まで軽減することに成功した。

こうした活動を支えてくれたのも、実は山脇延吉県会議長の一方ならぬ援助と政治力のお陰であった。他にも常次郎が会長に就任して以来、この連合会は県からその事業資金として補助金を貰うことになった。それも年額二千円である。

勿論全国的に例のない話であるし、他の業界団体でもあまり例のないことである。因みに大正末期は一時的に米価が高騰して、米一俵が十四、五円の時代である。常次郎が山脇県会議長の知遇を得ていたことは、誠に絶大なものがあったようである。

とは言っても、万事が万事順調であった訳でもない。昭和になって金融恐慌が始まり、政界にも激動の波が押し寄せた。政友会が敗れて、憲政会が天下を取ると、当然の事ながら地方にもその余波が及び、県知事は早速更迭された。

新たに高橋守雄という憲政会系の人が任命されると、早速緊縮政策を強行しようとした。政友会の御用組合と言っても憚らない連合会は、何かにつけて相当睨まれ、甚だ具合が悪かった。しかし、この知事はあまりにも世評が悪く、一年ばかりで交替した。

後任の知事も勿論憲政会系お札付きの山縣次郎という人であった。この人は一見物柔らかで、人当たりは良かったが、やることは厳しく、政府の緊縮政策を忠実に実行した。勿論県の予算編成に当っても天引き一割を標準とし、あらゆる経費の削減に踏み切った。昭和六年か、七年の頃である。

困難な時代であったから、天引き一割はやむを得ないとしても、理連に対する補助金は一挙に半額削減という方針が打ち出された。これで文句があるなら全額打ち切りという強硬な姿勢である。

折悪しく、県当局最大の理解者であった岡田課長は、移民問題視察のためブラジル出張中であった。課長代理の中山喜一郎という人物は、甚だ弱腰でとても相談相手どころか、組合の陳情運動にも反対だった。当時市部から選出されていた坪内会長は、思いがけない事態に困惑、早速常任顧問の常次郎に相談を持ちかけた。

常次郎は直ちに緊急理事会を招集させ、翌日各地区代表十二人を集めて対策を練った。その対策というのは、各地区選出の県会議員の抱き込みである。議員というのは地元民には弱い。今も昔も地元民から頼まれると、よほどのことでないと無下にはあしらえない。しかも床屋というのはある種のサロンのような存在で、おまけに向うからやって来る客に何を話そうが勝手である。客は散髪してもらっている間は至極退屈で、床屋での噂話の効果は絶大である。

常次郎は各組合の代表に、このあたりの呼吸をよく呑み込んで、政友、憲政など党派を問わず、総ての地元選出議員へ緊急に陳情するよう指示を出した。組合として全力を尽して選挙応援をする代りに、均等一割の削減は別としても、補助金半減の予算案だけは、絶対撤回を要請させたのである。

組合の重大な利害に関わる事だけに、各代表も早速懸命に運動をはじめ、全議員の承認を取り付けた。この運動の成果を確認した上で、常次郎は満を持して知事との交渉を開始した。勿論知事はそんな話は受付けようともしない。たかが散髪屋や髪結いの組合が何を言うか、くらいの態度である。

常次郎は、兵庫県が全国に先駆けて業者の試験制度を採り入れ、全国業界の資質向上に、また引いては国民の理容衛生に大いに貢献していることを説いた。またその実績が全国的に評価されているが故の補助金であって、これを削減することは理容先進県の名誉と実績を蔑ろにするものである。

知事の一般的緊縮政策の必要性も判らぬ訳ではない。この不景気だから、均等一割の削減はやむを得ないとしても、我が組合に対してだけ半減というのは、何としても納得できない。この際どうしても復活案を上程して欲しい。我が兵庫県理容業界の今までの努力と成果が、議会でも認められないと言うなら、我々も潔く諦めましょう。私も責任をとって一切の役職を辞任し、仰せのように補助金全額を打ち切られても、文句は言わない。

と言い切って、知事に迫った。

ここまで啖呵を切られては知事も放ってはおけない。どうせ否決されるに違いないのに、この馬鹿めが、と思いつつ復活案を上程した。

ところが豈図《あにはか》らんや、当然反対に回ると思っていた憲政会系の議員も含め、全員賛成であっさり通ってしまった。おかげで知事の顔は丸つぶれ、山脇県会議長もこうまで理髪組合の力が強くなっていたとは思わなかったので、感心するやらあきれるやら、常次郎は大いに面目を施した。

こうした兵庫県理髪連合組合の活動は、次第に全国の業者間にも知られるようになり、その評価が高まると共に、全国的な組合結成の機運を醸成されることとなったのも当然の成り行きである。

全国組織の結成に向けて

勿論その先頭に立ったのは常次郎である。しかし、昭和の始めはまだまだ通信、交通は甚だ不便である。

余談ではあるが、常次郎は結構新しもの好きで、理容器具や設備も、常に最新のものに目がなかった。電気バリカンなども大正八年頃横浜に、米国ユニバーサルムーア製、ヴァイブレーター・スタンド付きのものが、初めて日本に一ダース輸入された。東京に六台、大阪に六台、早速そのうちの一台を買い求め、三田の片田舎で使い始めた。一台十五円、散髪料金が三十銭の頃だから、随分と高いものだった。三田の田舎では、今まで見た事も無い代物である。

常次郎は早速広告を出した。

「電気が髪刈る　按摩する」

広告が効いたのか、三田中学の生徒たちが皆見学に来た。当時は地方の最高学府である。警察も何事かと調査に来た。

最初は客が電気バリカンに吃驚して、椅子から裸足で逃げ出す有様だったが、手動に比べ何しろ速い。アッという間に頭を刈上げるモーターの音に、はじめは一寸怖がられたが、ヴァイブレーターを差し替えて、按摩をすると気持が良く、それがまた客の評判になった。

女房のつねも結構ハイカラで、昭和の始めに既にシンガーミシンを買っていた。洋裁など習った筈もないのに、一体何に使っていたのだろうか。

ところがどういう訳か、電話だけは遂に終戦後まで引かなかった。したがって諸々の連絡は、概ね書簡か直接出向くしかない。余談はこれを言いたかっただけのものだが、この連絡はなかなか大変な仕事であったに違いない。もっとも相手にも電話が無ければ仕方がなし、遠距離通話は通じるまでに大変時間がかかった。それに通話料金も今と違い、大変割高で、最初の組織作りは相当な難事であったと推察される。

しかし、常次郎には県下の組合を纏めた経験と実績がある。試験制度の視察を通じ、他府県組合幹部との交流も豊富である。また他府県幹部にも全国組織結成に対する機運が高まりつつあったので、こうした人脈を通じ、常次郎は組合結成の必要性を鼓吹した。

こうした努力が実を結んで、昭和十年三月、遂に全国的組織を立ち上げる為の結成式を、有馬温泉銀水荘で挙行することとなった。いくら天下の名湯、日本最古の温泉郷とはいえ、首都東京を差置いて、常次郎の地元有馬温泉での結成式である。常次郎の努力が報われたものと言えよう。

この時の参加各県代表者は、東京二名、神奈川、愛知、岐阜、石川、福井、大阪、和歌山、三重、鳥取、島根、広島、山口、福岡、大分、鹿児島と兵庫の常次郎である。全部で十七府県であるが、非力の県は代表を派遣することが叶わなかった。

会名は大日本理容連盟、発会式は地理的に大体日本の真ん中になる名古屋で開催、加盟は当時の朝鮮、台湾を除き、一道三府二十四県、当時の雄県を網羅したものであった。これを北海道、東北、関東、中部、関西、九州の六地区に分ち、各地区代表の役員として、それぞれ二名の総務を選出、そして更に互選で常任総務と二名の副総務を選出した。二名の副総務はそれぞれ東京、大阪に設ける事務局を管掌し、常次郎は常任総務として、会を代表することとなった。

昭和十年三月、常次郎五十才の時のことであった。

戦時、理髪業界も冬の時代

その後も常次郎は、事ある毎に会勢の増強に努めた。しかし昭和六年満州事変勃発以来、日本は次第に軍国主義色を強め、理容業界にも冬の時代が訪れ始める。質実剛健を標榜する軍国主義は、兵隊は勿論、青少年は皆坊主頭。小さな子供の坊ちゃん刈りまでも軟弱というに至っては、また何をか言わんやである。

女性についても同様であった。旧来の日本髪は大仰で、結髪も洗髪もなかなか難儀で活動的とは言えなかった。その日本髪に代り、ようやく流行の兆しを見せ始めた女性の洋髪であるが、中でもパーマネントウェーヴは目の仇にされた。大東亜戦が始まると、敵性語は怪《け》しからぬという訳で、電髪と称したり、この非常時に電力の無駄遣いは以ての外と非難の的にされる始末。女の化粧に対する本能的な欲望も、社会的抑制の対象にされる時代になっていった。

心理的抑制のみならず、現実の日本の政治経済は益々緊迫の度を加えていった。昭和八年国際連盟を脱退して、外交面でも西欧列強と袂を分かった日本は、昭和十二年支那事変勃発と共に、更に物価は統制、物資は配給と戦時色を強めていく。

常次郎たち理髪業界人の主張も、この滔々たる時代の流れの前には甚だ無力なものと化していった。勿論常次郎たちの努力で会勢は次第に伸長しつつあったが、理容料金は絶えず他の諸物価の上昇にはついて行けなかった。

物価の上昇は極力抑えたい当局にとって、不用不急の理容料金の値上げなど論外の沙汰である。各県連の要望に応じて、常次郎は県当局へ折衝陳情に赴くが、何処の府県でも答えは同じ。同じ公衆衛生上必要といっても、風呂屋は無ければ困るが、散髪屋などあっても無くても困らない。やって行けなければ軍需工場にでも入ればよいという態度で取り付くしまもない。

当然の事ながら、中央の連盟が政府自体に折衝しなければならない。しかし役人の責任逃れは今も昔も同じ事、理髪料金は各府県に任せてあると、逃げの一手である。常次郎は粘りに粘った。そして遂に内務省も衛生局長が相手になったが、答えは同じである。

「国家の存亡を賭けたこの非常時に、散髪屋などはあってても無くてもよいのだから、料金値上げ等到底認められない」との一点張りである。

常次郎と局長は大激論になった。

「今は仰せのとおり非常時には違いない。物資生産、戦争遂行という大目的の為には、生産性のないサービス業の理髪理容は、確かに不用不急の仕事かもしれない。

しかし世の中戦争ばかりではない。冠婚葬祭、めでたいこともあれば悲しいこともある。盆もあれば正月もある。人生節目節目には礼節作法も大事であるし、古来の仕来り、伝統の継承も国家存続の大本である。威儀を正し事に望むのは日本のみならず、洋の東西古今を問わず、人間が人間たる所以ではないか。中でも顔面頭部の容貌を整えることは最肝要のことと考えるが如何なものか？」

言われてみれば局長も反論できない。精々「それは理屈というものだ」と苦し紛れの言い逃れ。

常次郎は更に切り込んだ。

「この非常時、大君に召されて明日も知れぬ戦の庭に駆出されて行く若者がいる。せめて世継ぎをと慌てて嫁を迎えるのに、婿は虎刈り、嫁は束髪かおかっぱでよろしいのか」

「何なら陛下のご用を受け賜っている散髪屋も、この非常時に不用不急の賎業なれば、恐れ多いと廃業させるか」

とまでは言ったかどうか判らぬが、とにかく常次郎の執拗な粘りに、熱弁と気迫に、衛生局長も閉口させられた。渋々、ほんの申訳程度の値上げを認めることで一件落着とは相成ったが、常次郎の心には空しい思いがこみ上げてくるのであった。

この大日本理容連盟も、大東亜戦争勃発一年後の昭和十七年には、全国殆どの府県の組合が参加し、加盟業者二十四万軒、従業員とその家族を含めると、実にその員数、百五十万を数えることになる。当然の事ながら、業界もそれなりの進歩を遂げ、大東亜戦争遂行にも応分の協力は惜しまなかった筈である。


しかしこの大日本理容連盟の仕事を通じ、常次郎につくづく感じられたことは、今の日本の国家が、己の自負するほどこの業界を評価しないことだった。無念の想いと共に、しからばこの俺に、もっと他に出来る仕事はないのか、という迷い心が生れるのも自然の成り行きだったかもしれない。或いはそう感じること自体、常次郎がやはり明治の男であった為であろう。

根底を流れるものは、忠君愛国の精神である。男たるものは天下国家の為に尽すべきで、いやしくもこの非常時、日本国家が不用不急と見なす仕事に、己が固執するのはどうも情けないと感じ始めていた。折も折、明治の男なら誰しも一度は夢見たかもしれない、大陸雄飛の話が舞い込んだ。

これはあくまで余談で、仮定の話ではあるが、常次郎がこんな話に乗らず、終戦まで現役で、この連盟の主導者を続けておれば、当落は別問題としても、或いは一度位は参議院選挙に出馬出来たかもしれない。運命の皮肉である。

それはさておき、こんな心境の変化と家庭の事情、それに妻のつねには話せない秘め事が、常次郎の人生に大きな転機を齎《もたら》すことになる。

それからの事については、編を改め記述するが、こうした組合活動の他にも、常次郎は公私とも、誠に多忙であった。

話は遠く昔に遡る。

三、郷土への思い

水道敷設を実現

水の苦労、水の有難味

常次郎は開業して五年目、二十五才から駅前区の副区長という役目を引受けている。さしずめ区長を助けて、実務を担当する世話役というところだが、この区というのは東京都千代田区といった意味での名称ではない。地方自治法二九四条以下には、財産区のことが規定されているが、この財産区というのは特定の地域住民が、古来からその共有する公共財産や施設を管理運営する為の、特別な地方公共団体である。

隣の三輪区のように大きなものでは、昔からの山林原野への入会権を財産として所有し、これを三田ゴルフ場に賃貸して相当な収益を上げている例もある。ところが、この駅前区は高次《たかすぎ》という部落の中に出来た新開地である。古来からの財産があった訳ではなく、福知山線が開通したお陰で、駅舎や関連の官舎に続き、駅目当てに次第に町らしくなっただけの話である。しかし高次という農村部落から見れば、突如として自分達とは全く別の仕事をする連中が、自分達の田圃の中へやって来たことになる。

そこで当然起るのは、生活用水の問題である。恐らく最初はこの為の、自衛的町内会のようなものから発足したものと思われる。しかし、常次郎にとってこの地域の水の問題を解決することは、生涯の大きな課題の一つになるのであった。

そもそも大昔の三田盆地は、篠山の方から宝塚へ向う武庫川の流れが、南東部で塞き止められ、その中心部は沼沢地であった。それを奈良時代の高僧行基が、盆地の東南端、今は神戸市に編入されている生野の、黒岩という所を切り開いて干拓した。駅前の辺りはその最も低い地帯で、昔は大雨の度洪水に悩まされたが、盆地を主流の武庫川の他に、北側には三本の小溝があり、その内の一本が駅前を流れていた。

勿論昔のことだから、上下水道など便利なものは無い。そこで駅前の新住民は、天然のこの溝水を使いたいと考えるのも当然である。ところがどっこい、高次の百姓達が勝手に使うことは罷りならぬと、言う。この溝水はもともと田圃の灌漑用であり、百姓にとっても水は死活の問題である。昔は各地で水争いの為、時には死者まで出るほど、百姓にとっては水利権は大事なものである。これまた然るべき使用料を払え、と要求するのも当り前のことである。

駅前区の新住民にとって、時には不当と思われるものでもやむを得ない。区の役員としてもなかなか頭の痛い問題であったが、まして、清潔を旨としなければならない常次郎にとって、水は甚だ大事なものであった。知らぬ人は、井戸を掘ればよいじゃないかということになるが、実はこの井戸水が使い物にならなかった。大変な金気水で少々濾過してもこの金気が取れない。

天下の名湯有馬温泉には、金泉銀泉と二つのお湯が湧くが、この金泉というのが鉄泉で、濃褐色の大変な金気である。隣あわせの三田のこと、井戸を掘っても、所によってはこの金気水にぶつかる。見たところ普通の水のように見えても、金気臭くて全然飲めない。洗い物など忽ち酸化して茶色に染まる。

そこで飲料水だけは隣接する新地の井戸から貰い水、これは武庫川の伏流水を汲揚げ、たんごで担いで運んだものである。そして雑用水にはこの溝水を充てた。昔の衛生状況は、今から考えると本当に酷いものであった。ほんの少し上流でオムツの洗濯までした水で、今度は食器洗いや衣類の洗濯まですることもしばしばである。

一方飲料の貰い水も、なかなか大事であった。たんごと称する天秤棒の前と後の桶樽一荷、水を張る量にもよるが、いずれにせよ数十キロの物を、二、三百メートルも担がねばならない。当然大の男の仕事、中にはお手伝いで子供でも担がねばならない。そのうち駅前の人口が増えてくると、井戸の持ち主である新地の連中も、次第に嫌な顔をするようになった。

そこで駅前区は新地と交渉して、近くに専用の井戸を掘らせてもらったが、何しろ駅前の飲料水をここ一ヶ所で賄うものだから、これまた大混みで時間がかかって仕方ない。釣瓶を使っての汲み揚げでは愈々たまらんので、相当大きなポンプを備えつけたが、朝の一刻はそれでも大変だった。商売柄、水を相当量使うこともあったが、常次郎は水の問題を自分だけの事だけと思わず、これを地区の問題として尽力した。

戦前の日本では下水道は勿論、上水道の普及率も極めて低かった。したがって、流水や井戸の水質がよくない地域では、現在の常識では考えられないくらい、水は貴重なものであった。井戸水が金気で使い物にならない三田盆地の泣き所は、正にこの水の問題であったと言えよう。

中国では井戸を掘った恩人を忘れてはならないと言われているが、常次郎はその頃から井戸ではなく、これを何とか上水道にしたいと考えていた。後に町長になり、三輪町上水道の父と言われた常次郎であるが、水道に対する執念はその頃から相当のものであった。

常次郎は、組合活動の他にも、大正十五年には、駅前区長、消防組長、昭和三年には三輪町町会議員、昭和五年来武庫川改修水害予防組合会議員を務めている。用水と同時に、昔は水害予防も駅前にとっては重要な案件で、消防隊員は火事場だけのものではなかったのである。

ついでながら、昔三田盆地では大雨の度毎に、よく洪水に見舞われたものである。武庫川の堤防がお粗末で、これが決壊すると盆地最低部の駅前や新地は忽ち水没する。住民も慣れたもので危なくなると、大事な物は二階へ上げる。或いは椅子、机、その他の箱物の上に畳を上げ、その上に家財道具を積み上げて、濡らさぬよう準備万端怠りなかった。

ところが最大の悩みは汲み取り便所の汚物である。その頃水洗便所等という洒落たものは、三田の何処を探しても無かった。水が漬き始めると、糞便や落し紙も流れ出す。綺麗に流れてしまえば、それでも多少は楽になるが、屋内では淀みがちである。

水が漬いている時も大変だが、水の引き際もこれまた大事である。単なる泥水だけではない。汚水混じりの不潔極まりない代物である。家人総出でこの汚れと格闘しなければならない。この後始末を怠ると忽ち伝染病に冒されるという憂き目に遇う。駅前から新地にかけてが、盆地の最低部であったため、武庫川の堤防改修が完成するまでは、これまた常次郎の悩みの種の一つであった。

しかしこの洪水はいわば天災で、事が大き過ぎて常次郎個人の一人や二人の手には負えない。常次郎が腐心したのはやはり上水道の敷設であった。

竹を使って水を引く

とは言うものの、これまた難儀なことであった。上水に困っているのは三輪町でも駅前、新地、縄手など一部の新開地である。次第に住人の数は増えてきたが、駅前区上水の給水源は、依然として新地のポンプだけである。水汲みの難儀は増すばかりであった。

問題が一部地域に限られていたので、当時の貧困な地方財政ではとても町営の上水道など望むべくも無い。残るは私設の水道だけであった。しかも、常次郎が駅前区住民の賛同を得て、この計画の実施に踏み切ったのは、社会情勢も相当逼迫、日支事変も追々泥沼化し始めた、昭和十二年の頃である。軍備最優先の当時、既に民需の鉄管はもとより、ヒュウム管すら入手困難な状況であった。

そこで考えたのが、安直に手に入る竹である。この竹の節を抜いて水道管に代用しようという案である。一方では、世界に冠たるゼロ戦や、大和、武蔵が計画されようとしていた時代、何ともお粗末な材料である。当時日本の跛行的経済状況が如何に甚だしかったか、苦肉の策とは言うものの、当時の苦労が偲ばれる話である。

太さのマチマチな竹管を、どのようにして接続したのか、恐らく細い先の方を太い根元の側に突っ込んでいったのであろうが、接続部の防水や水洩れ対策には相当苦労があったことであろう。竹だから炙れば多少の曲がりは細工出来ても、エルボ状の曲がりは到底不可能である。何処をどう通したか導管経路の詳細はわからない。その選定には相当の困難があったことと想像されるが、とにかく駅前の三ヶ所に貯水タンクを設け、給水場にした。

水源は勿論新地の井戸を補強して、給水塔にポンプアップしたが、こんな水道でも、今まで遠くまで行っていた水汲みの苦労に較べると、各段の便利さで皆からは大変喜ばれた。

当初の費用は利用者からの寄付金で賄ったが、総額六十五円、駅前の岡田稔が工事をやってくれた。当時の米価に換算すると米五俵ばかり、子供のおもちゃのようなものであった。

それでもこれを見て、隣の縄手の連中が大変羨ましがった。ヤイヤイ言ってくるので、仕方なく縄手まで延長したが、当然水圧も高めなければならない。しかし、材料が材料だけに、暫くすると割れ目や水洩れがする。その度に言い出し兵衛の常次郎は、管理者同様修理に駆出され、棕櫚縄で手の皮をむくこともしばしばであった。

こんなチャチな水道でも、便利なものは便利である。今度は更に隣接する三輪の町部の連中までもが、ヤイノヤイノと言ってくる。到底この設備では面倒見切れないのは判っているが、頼まれれば嫌とは言えないのが常次郎の性分である。

こうなれば後は簡易上水道でも敷くしかない。

簡易上水道の敷設

常次郎は町長の上馬作治に相談したが、町財政も貧弱である。ざっと見積もっても数万円はかかるとの話である。それに、何よりも町全体の事業ではないのが、致命的な弱みである。すったもんだの交渉をして、何とか仕方がないから一部補助金を出そうという所まで漕ぎつけた。

しかし少々の補助金くらいでは、到底仕事にならない。何しろ竹筒式のものに較べると、約百倍の予算が必要である。いくら世話好きやり手の町内会長でも、大概この辺でお手上げとなったであろう。ところが常次郎は諦めなかった。町当局の力だけでは駄目なら、県を動かそうという訳である。それにも理髪組合運動を通じての人脈が役立った。当時の県衛生部長の赤松秋太郎に頼み込んだのである。

勿論県当局にも市町村の簡易水道に補助金を出す制度等はない。いくら懇意の間でも断られるのが当たり前である。しかし、常次郎には切り札があった。それは当時結核療養所として建設が計画されていた春霞園の問題である。簡易水道敷設に力を貸してくれなければ、地元の反対は押さえ切れないと切り出した。

戦前の日本は結核、特に肺結核は国民的伝染病として、その対策に悩まされていた。戦後のペニシリンなど抗生物質という特効薬は未だない。専ら空気の良い所で栄養補給と静養に努めるというのが一番で、都塵を避けて日当たりの良い所が適地とされていた。

そこで県では、上野の三田ゴルフ場に隣接する辺りを候補地として検討していた。勿論地元住民としては、必ずしも諸手をあげて賛成という訳にはいかない。何しろ目に見えない恐ろしい黴菌を撒き散らす結核患者など、来て欲しくないというのが本音である。県衛生部長としても地元の説得は頭の痛い問題でもある。

問題が問題だけに、これを交換条件として切り出されれば、地元の要求も無視できない。

勿論、県政の大御所山脇延吉に頼み込んだのは言うまでもない。そしてとうとう建設費の半額を県費から補助金で賄うという所まで漕ぎつけた。

もっともこれだけの折衝は、本来なら町長自らがやるべき仕事である。とても一介の町民にやれる訳がない。そこで上馬町長は常次郎に、簡易水道敷設特別委員という肩書きを付け、面倒な事は一切常次郎に下駄を預けた恰好であった。常次郎は資金調達から、協力委員の選定委嘱、工事の計画から監査まで、実務上の責任者として苦労することになった。

常次郎を悩ました最大の問題は、水源の確保である。水源は水質だけでなく、水量も誠に大事な問題である。三輪の町部までとなると、給水人口は相当な数になることが予想される。果して現在の新地の井戸だけで足りるものか、責任者といっても素人の常次郎には、甚だ不安な面もある。

水道は敷設したが、水の出が悪いでは面目丸つぶれである。一体給水人口に対し、具体的にはどれだけの水源が必要なのか、こんな初歩的なことすら判然としない。色々識者の意見を徴して、常次郎が得た素人にも判り易い結論は、次のようなものであった。

それは、大人の親指程の太さの水が約一間、切れ間なく流れ落ちている水源は、凡そ百軒の人口を養うに足ると言うのである。

具体的と言えば具体的ではあるが、反面至って大雑把でもあり、科学的には正確とは言えない。しかし、当時の日本人の水の使用量を想像する上で、大変面白い表現である。

水源地を探して

一応、常次郎はこれを目途に新しい水源を探した。どうせやるなら将来三輪と言わず三田町も含め、三田盆地全域へ給水の可能性のある位の水源を探したかった。

三輪だけを考えれば、三輪神社の山裾には大井の元という神泉がある。滾々《こんこん》と涌き出ているこの青い水は、咽喉から手が出るほど欲しいが、古来信仰の対象でもあるため、これは使えない。

そのうち、水源探しに奔走している常次郎に強力な助っ人が現れた。常次郎が非常に親しくしていた村上三田警察署長である。彼は常次郎の苦労を知るや、職務を離れて協力、常次郎とあちこち水源を探しに同行してくれた。

およそ水源とするに相応しいと思える処は、殆ど物色して廻ったが、山田川の滑谷を見つけた時には、二人は小躍りして喜んだ。ここは山一つ隣が神戸水道千刈水源池である。この神戸の水は、世界の船乗り達が天下一品と絶賛し、寄港すれば必ず満タンにしていったと言われている。

その千刈に地勢的にもよく似ている。当然水質にもさほどの違いがないであろうことは、素人目にも明らかなことであった。ここにダムを築けば山田川の水量から考えても貯水量は三輪町といわず、三田町の市街地をも潤すに充分と考えられた。二人が欣喜雀躍したのも無理はない。正に絶好の適地であった。

幸い村上署長の肝煎りで、早速無料で測量してくれる技術者が現れた。その結果、ここに十間（約三十三メートル）のダムを築けば自然落差で全域への給水が可能であることが判明した。こんな立派な水源適地があるのに、簡易水道だけでは勿体無いという訳で、今度は村上が署長として、三輪、三田両町長に上水道の建設を進言してくれた。

しかし両町とも年間四、五万円の予算規模では、到底話にならない。しからば民営ではどうかと研究してみたが、前記技術者の概算見積もりでは、約十八万円は要るとのことであった。これまた到底見込みはない。

というような訳で、折角の二人の努力もこの時点では実を結ばなかった。しかし、世の中不思議なもので、この時の努力が後に大変役立つことになろうとは、常次郎にも予想外のことであった。

戦時下、簡易水道の完成

それはさておき、現実には金が無いのだから、新地の井戸を補強して、何とか間に合わせなければならない。それには伏流水の水質、水量の確保が最大の肝要事であった。

伏流水の実態は、一般的には目で確認することが出来ない。しかし、工事に当って何よりも感心させられるのは、素人のくせに動物的感覚というか、土地の古老的感覚といおうか、新地の井戸に流れ込む伏流水の経路を察知していたことである。

恐らく餓鬼大将であった子供の頃から、夏場には朝から晩まで、冷たくなると河原の焚き火で身体を温めながら、水浴びをして遊んだ三田川のことである。何処が深くて何処が浅い、流れの速いのはあの辺で、淀んで泳ぎ易いのはどの辺か、まるで我が家のことのように知っていた。正に昔の子供は自然を友として育ったのである。

そんな中で常次郎は、昔、上河原新町裏の竹藪の側に大きな榎の樹が数本あって、その辺りから伏流水が新地の川底にかけて流れていることを知っていたようである。その伏流水の流路に、砂やバラスなど詰め込んだ土管を埋設し、自然濾過した水をポンプで揚水した。そしてその水を、更に湿式真空塩素注入器で塩素滅菌し、一旦三輪神社脇の配水池まで揚げてから、これを各家庭に配った。

完成は昭和十六年九月五日、給水人口約四千人、間もなく大東亜戦争が始まろうとしていた。

後年常次郎は世人が水を乱用、水の有難味を感謝しないことを嘆き、親の恩は返せても水の恩は返せないという、昔の人の言葉をよく口にした。水を乱用し、その挙句の果ての水質汚染が、水の惑星といわれる地球の生態系まで破壊している現況を考えると、現代文明が如何にも浅ましく見えてくる。誠に含蓄のある言葉と言うべきであろう。

常次郎の昔話

常次郎はいつもお説教じみた堅苦しい話ばかりをしていたわけではない。時には結構面白い昔話をした。しかし考えてみると、中味は大して面白くもないのに、聞くほうが何となしに面白く感じたのは、話が身近で具体性があったからであろう。

第一話・・・トンコロの恐怖

これは明治六年頃の話である。全国各地でトンコロと言う病気が大流行し、死者も大勢出た。兵庫県でもこれは大変と、県下の医者に呼びかけ、予防の対策を授けた。その中に、今は三田市に合併されている藍本から、講習を受けに行った池田某という漢方医がいた。帰ってきたこの先生、早速村中にお触れを回し、

「トンコロに罹らない良い方法を教えるから、手桶と襤褸布を持って集まれ」と呼びかけた。大変恐れられていた病気だから、誰もが喜んで集まってきた。池田さんは家の前の大きな盥に、消毒薬の石炭酸を溶き、これを皆に分け与えた。そうして、

「この盥の水に襤褸布をひたし、家の前の軒下に吊るしておけば、トンコロ虫が恐れをなして逃げてゆく。乾いたらまた、その水に漬けて吊るしておけ」と言い聞かせた。

人々は大喜びで持ち帰り、皆そのようにしたということである。

このトンコロというのは、別名三日コロリと恐れられたコレラのことで、実はこの頃、常次郎は未だ生れてはいない。

第二話・・・手紙が飛んでく

次の話は常次郎が五、六才の頃、三輪の町筋を歩いていた時のことである。

屋号を丹前という石井本家の向い側に、岡本という家と福井という家があった。その家の脇に建てられた大きな高い丸太の間には針金が張ってあり、一人の人が丸太の柱に登って仕事をしていた。

それを下から頬被りをして見ていたおっさん、口に煙管を吹かしながら、

「なんとまア、えらいもんやナー。こうして煙草を一息吸う間に、この針金の中を、手紙がザーッと大阪まで飛んで行くんやて」と、話していた。

子供の常次郎は、そんなもんかいなと信じていたが、後で考えると、当時篠山方面へ伸ばしていた、電信の架線工事のようであったらしい。

第三話・・・郵便局長様のご着任

常次郎が十才の頃であろうか、新町に郵便局ができた。局長として赴任してきたのは、斉藤素一郎という人で、当時三田では最高級のお偉さんであった。

燕尾服に鳥兜の帽子、腰にはサーベルをぶら下げてのご登場で、こんな恰好には初めてお目にかかる常次郎はどんな偉い人かと思った。何しろ洋服自体が珍しい頃のことである。金ピカの礼服には度肝をぬかれたが、後で考えると精々判任官であった。兵隊の位でいうと下士官である。

この人が着任して間もなく、電信機を公開して見せるというお触れが出た。雷の機械を見せてくれるということで、これが大評判になり、大変な人出で新町界隈は、三日間大賑わいをした。

三田に初めて自転車を持ってきたのもこの局長さんであった。この自転車は全部鉄製、つまり車輪も鉄輪でガラガラ大きな音がする奴で、よほど背が高い人でないと乗れなかった。乗るのも止めるのも大変難しく、ものの一間も走ると大抵ひっくり返るという代物であったが、兵庫県内でも当時は、自転車が未だ何台も無い珍しい時代であった。

それから十年くらい経って、本町の大澤房太郎が三田では初めて、ゴム輪のラージ車に乗って登場し、大変ご自慢のようであった。前述、紀州から乗って帰って来た兄、重太郎のラージ車は二番目である。

第四話・・・有難や、汽車にお賽銭

明治三十二年一月、福知山線が開通し、三田駅でも祝賀の式典、列車到着の見物客で大賑わいした。その中に新町山本のおばあさんがいた。この人は一生のうち、一度も三田以外の土地には行ったことがないという珍しい人であった。常次郎は、この人の旦那もよく知っていて、夫婦とも可愛がってくれたそうである。

このおばあさんも早速見物にきた。そして早くから、茣蓙《ござ》持参で、プラットフォームの先の方に坐り込み、汽車の到着を待っていた。

やがて汽車は東桑原の山陰に現れたかと思うと、『来たぞ来たぞ』と皆が固唾を飲む間もなく、轟音をたてて忽ち駅に近づいてきた。初めて見る汽車の勇姿である。

巨大な機関車が、汽笛を鳴らしつつ、速度を落としてプラットフォームに入って来ると、感極まったこのおばあさんは、土下座をして汽車を拝んだ。両の手で拍手をし、手に一杯の一文銭を汽車に投げかけ、涙を流して拝み続けて動かない。

とうとう駅員に抱き起こされて外へ出たそうだという この話、実はこの頃常次郎は東京にいた。

又聞きでも、見てきたような常次郎の、昔話の一席はこれでおしまい。

四、男の本懐

満州へ雄飛

儂もなりたや坊さんに

常次郎は自分の前世が坊主であったと確信していた。それも相当の生臭坊主である。その不徳破戒のおかげで、今生の初めは艱難辛苦の逆境を強いられた。それでも尚、前世に多少の徳性が残っていたのであろう。幼少の頃の不遇に耐え、徐々に不徳の罪を贖ってきたお陰で、安らかな晩年を得られたが、これ総て因果応報、仏説の通りであると信じて疑わなかった。

晩年、無聊を託《かこ》つようになった常次郎は、次第に坊主への憧れが昂じたのか、何処かの寺の住職にでもなりたいとか、なりたかったとか口にしていた。その坊主になる夢は果せなかったが、僧侶との交友は親密なものがあった。常次郎が恩師と仰ぐ、大阪西寺町冷雲院谷口探海は別格として、他にも泉家の菩提寺となった正覚寺、名刹六甲の多聞寺、大原青原寺、桑原欣勝寺、高次興聖寺の和尚など、宗派を超えて多くの友人があったようである。

また、常次郎は自分の信仰の証しとして、生涯に四度阿弥陀経を書写、その中の一巻は懇意にしていた丹南町の宇土弘誓寺に納経したそうである。目も悪くなったので、これが最後であると断って、自叙伝の中でも写経しているが、この阿弥陀経は、精魂こめて書かれている。とても普段の常次郎の筆とは思えないくらい見事である。お手本にしたのは、常次郎が生涯の恩師と仰ぐ谷田探海竜誉僧正が、常次郎のために自ら筆を執った阿弥陀経である。

熱心な信者であったが、現実問題としては、常次郎は修行に没頭できる境遇ではなかった。

しかし、自分自身の密かな心境としては、現世の生臭坊主共には負けぬくらいの、相当な仏弟子であると自負していたのではなかろうか。身内の贔屓目かもしれないが、或いはその見事な大往生の様から見ると、生半可な坊主よりは遥かに坊主らしかったとも言えよう。信心は常次郎の大きな心の支えであったことは間違いない。

ただし、女房や子供たち家族が必ずしも、自分と同じように熱心な信者にならなかったことについては、多少とも口惜しい思いや、もどかしさを感じたことであったろう。また、熱心な仏教徒の常次郎にとって、戦後の特に無宗教者が多くなった世相が、誠に嘆かわしく思えたに違いない。

常次郎は宗教について、非科学性を根拠に宗教を否定するのは皮相の観察であり、哲学と宗教を混同するのも誤りである。宗教は実践を通じてのみ、その真髄が体得できるのであって、実践を伴わない批判は、批判に値しないと断じている。

常次郎の場合、宗教とは仏教、中でも自らが信仰する浄土宗のことであって、法然上人の教えに心酔していたようである。但しキリストやマホメッドについては、尊敬するが信仰はできないとしている。自伝に常次郎は、宗教について諸々記述しているが、要は仏教概論、中でも浄土宗の教義を自分なりに伝えている。

しかし、常次郎の常次郎たる所以は、やはりその教えを忠実に実践したことにある。その一つが毎朝の勤行であった。読経は一切の煩悩を忘れ、常次郎を無我無心、報恩感謝の境地に導く精神安定剤であり、健康の源でもあった。

読経の霊験

或る時、その読経の最中に常次郎は不思議な体験をした。それは長男健治が三年生になり、三田中学校恒例の行事として、九州方面に修学旅行に出掛けた時のことである。

その朝も平常通りの勤行をしていた常次郎であるが、突如として異様な心気の乱れを感じた。今までに感じたことのない異変に、常次郎は己の信心が至らぬかと、更に一心不乱に念仏を唱えた。ちょうどその頃、姫路の手前揖保川の鉄橋に差し掛かっていた列車のデッキから、健治が川に転落していたのである。

どうしてそんな事になったのだろうか？　考えられるのは昔の列車は連結部デッキの扉が誰でも自由に開閉できた。長旅の疲れか飽きか、或いは寝呆けてでもいたのか、それとも友達とふざけてでもいたのか、とにかく、健治はこの開いた扉から車外に転落した。

ぶつかりながらも枕木の間をすり抜け、墜落したのが運良く川面であつた。これが石ころだらけの河原であれば、忽ち一巻の終わりであったろう。

勿論、内出血や骨折は免れ得なかったが、ちょうどその辺りで川漁をしていた小舟に助け上げられた。早速と言っても、大昔のことであるから、救急車などあったかどうか、とにもかくにも姫路市内の病院に運ばれ、大手術を受けて一命を取り止めた。退院後は船場の母の実家で、叔父夫妻の懇切な看護を受けた。半年程休んだがお陰で健治は後遺症もなく、無事復学することができた。

これを契機に常次郎の信仰心は更に強固なものになった。

健治の死

余談であるが、この事件のため、健治は「いのち」というニックネームを頂戴することになる。そして、これほどの強運に恵まれた長男の健治は、大阪外語を出て暫く中学の英語教師や小学校の先生をしていたが、野望黙しがたく遂に上京、金にもならぬ文士への道を選んだ。

作品が何も残っていないので、実際どれほどの文筆活動をしたかは判じ難い。ただ筆者が中学生の頃、自筆の原稿、邯鄲の夢と題した物語を読んだ覚えがある。その時はこれが健治の創作かと思い大変感心していたが、間もなくそれが中国の有名な話と判りがっかりした。

上京した健治は、麹町の辺りに下宿していたらしいが、そしてその間、貧乏生活に病を得て、常次郎の期待も空しく、昭和十四年の夏この世を去ることになる。

健治は祖父辰蔵に似たのか、相当の偉丈夫であった。しかし残念ながら、罹ったのは当時不治とされていた結核である。それもなお厄介な腸結核であった。神戸の県立病院での手術も、当時としては最高の治療であったろうが、薬も医療技術も今ほど進んではいなかった。勿論、健康保険の制度など無い時代のことである。

手術後、自宅での闘病生活は、本人も辛かったであろうが、世話する家族も大変であった。退院直後の真夜中、二階の部屋から一階の便所に行こうとして、階段を滑り落ちたことがある。ちょうど下の部屋で寝ていた筆者は、大きな物音に吃驚して飛び起きた。不幸中の幸で骨折はしなかったものの、病み衰えた身体の尻や背中が痛々しく、擦り傷だらけであったのが今でも記憶に生々しい。

勿論父母が飛び起きて面倒をみたが、健治は病み衰えながらも己の気力で闘病しようとしていたのである。

健治は自分の病気を家族に感染させまいと、異常なまでに神経質にいらだった。住込みのお手伝いさんはいたものの、母のつねは子供や徒弟、十二、三人の家族を抱え、朝から晩まで家事に追いまくられていた。思うように健治の看病もしてやれない、そんな母のつねを助けて、弟常雄の嫁、ヒデ子の献身振りは、到底義理の仲とは思えぬほど、筆舌に尽し難いものであった。弟の常雄は、そんなヒデ子の人間性を見込んで結婚したのかもしれない。健治も内心では感謝の気持で一杯であったろう。

そして、甚だ気丈であったが次第に衰え、余命いくばくも無いと覚悟していたであろう健治が、毎朝耳にしたのは常次郎の読経であった。

あまり信心深かったとも思えぬ健治であったが、この常次郎の読経に感化されたのであろうか、それとも常次郎の思いが通じたのであろうか。何時しか念仏を唱えるようになった健治は、息を引き取る間際まで南無阿弥陀仏と呟いた。逆縁の子を送る親にしてみれば、南無阿弥陀仏と呟いて、健治が御仏の許に迎えられたと思われたのは、何よりの慰めであったに違いない。

常次郎は納棺に先立ち、お手のものとは言いながら髪を整え、不精髯の生えた健治の顔も剃って、綺麗に死化粧を施した。

信仰と実践

髯といえば、常次郎は「人間は死んでも髯は伸びてくる」と言っていた。近所の人や、永年の顧客に頼まれれば、髯を剃って死化粧も施し、念仏の一つも唱えたことであろう。いや、念仏は頼まれなくても上げたに違いない。これは信仰上の実践であって、死人の顔を剃ることも念仏を上げることも、常次郎には同じことであった。

因縁果の仏説を信じる常次郎にとって、こんなことは現世の善根を積むための修行の一つにすぎなかった。考えてみれば、生と死の接点に於いてこそ、宗教は最も必要なものである。人間は愛する人に対しては、死体に取りすがっても別れを惜しむが、一般的には死を不浄のものとして嫌忌する。坊主が臨終に立ち会う話などあまり聞いた事がない。坊主は死者に引導を渡すと称し、自分はきらびやかに着飾って、勿体らしくお経を上げるだけである。葬式に備えての遺体の処理は、専ら医療現場か葬儀社の仕事で、今や遺族も死者に対し殆ど最後の世話をすることがなくなってきた。

こんな世相を冥土の常次郎はどう見ているのだろうか。常次郎は、宗教と哲学は別物としながらも、仏説を哲理として捉えた上で、仏の教えを忠実に実践したように思われる。

とは言うものの生臭坊主

しかし常次郎は、あらゆる煩悩を断ち切って、何時も解脱法悦の境地に安住していた訳ではない。世俗一般人として喜怒哀楽、酒も飲めば女も抱く、ごく普通の人間であった。しかも明治の十七年生まれで、九十五才まで生きたくらいだから、精力も至って旺盛な方であったと思われる。

現に、常次郎が七十八才の頃であったが、「儂にも女が要る」とのたまうたことがある。これは、身の回りの世話のこともあり、単に性欲だけの問題ではないが、明治生まれの人間だけに驚きである。当時未だ若かった私は、色呆けもいい加減にして欲しいと思ったが、自分が常次郎と同じ年齢になってみると、些か薄情な考えであったかと反省させられる。

一方女房のつねはもともと頑健とは言えない、頑健どころか、むしろ華奢な体質であった。それがいくら昔のことと言っても、十一人の子を生せば相当身体も弱って当り前のことである。昔は、女も五十になれば老婆と言われた。戦後も相当永い間、五十才の老婆交通事故に遭う、などという表現が新聞紙上でもよく見られたものである。つねも子供達からやっと手が離れるころには、常次郎から見ると女としての魅力は大分薄れてきたのであろう。

これからの話は、身内としてはあまり書きたくないこともあるが、明治の男常次郎の心の遍歴を記すためには、少々饒舌であっても避けて通れない。それにこの記録はもともと常次郎とつねを偲ぶ為のものであるから、他人が見れば面白くも可笑しくもないのはやむを得ない。また、身内の孫や曾孫やそれ以降の子孫達に対しては、常次郎一家の家族略史のつもりでもある。

子育て完了、我が世の春

時代は、大東亜戦争が始まる少し前、常次郎の子供達はそれぞれ順調に育っていた。

先ず次男の常雄が、すっかり一人前になっていた。東京は銀座の、皇室の御用を務めた有名店で修業を積み、更に鈴蘭台の支店を任されていた常雄は、三田に戻っても若い客達の評判がよく、嫁も貰い、充分常次郎の二代目として店を任せられるようになっていた。

他の子供達も幼くして死んだ三人を除き、三女の花枝は健治の友人松浦英夫に嫁ぎ、四女の満喜乃は、子宝に恵まれなかった兄中川重太郎夫妻の養女として中川家を継ぎ、小学校教諭に、そして残る三人の倅達はそれぞれ軍人への道を歩んでいた。特に四男光秋が、至難の試験を突破して海軍主計科士官への第一歩を踏み出した時は、よほど嬉しかったらしい。

神戸高等商業学校を卒業して川西航空機に就職していた光秋であったが、柔道で鍛えた堂々たる体は徴兵検査では勿論甲種合格文句無しであったろう。しかし、陸軍へ入れば幹部候補生合格は当然としても、最初は二等兵である。ところが海軍に入ったお陰で、いきなり少尉候補生としての士官待遇である。しかも入校式が終ると一同打揃っての宮中参内、街を歩けば新米士官もなり立てホヤホヤの倅に、立派な年配の下士官が挙手の敬礼をする。

同じ年頃、日露戦争に一兵卒として従軍した頃の自分と比べ、月と鼈《すっぽん》の扱われようである。いきなり偉くなった息子の姿に常次郎は大満足であった。特にその当時の宮中参内など、庶民にとっては高嶺の花もいいところ、考えてもみなかった待遇に、常次郎は倅を内心大いに誇らしく思った。常次郎はこの時、兄重太郎を一緒に連れて行った。重太郎にしてみれば、最初にして最後の東京見物であった。昭和十三年夏のことである。

そして十五年には五男五郎が海軍兵学校へ、十六年には六男陸海が陸軍幼年学校へ入校、これ又それぞれ将校生徒の道を歩むことになった。

戦前、中等学校というのは、現在の駅弁大学の数より遥かに少なかった。義務教育の小学校を終えると、精々二年制の高等小学校へ行くくらいのものであった。地方によって相違はあったろうが、中等学校への進学率は、商業、工業、農林、或いは女子の裁縫といった専門学校的なものも含め、一割乃至二割程度と甚だ低かったのである。

しかし常次郎は、所謂散髪屋の分際でも大勢の子供達全部に、少なくとも中等教育は受けさせた。これは当時としては、実に容易なことではなかった筈である。

ただ三男辰雄は所謂飛び級入学で、五年生から三田中学に進学したほどであったが、炎天下行軍の無理がたたったのか二年生の時、若死にさせてしまった。親としては大変残念であったろうと思われる。

しかしながら、他の子供達については、子育ても概ね完了、後継者常雄を育てて家業は安泰、しかも若い三人の倅達は今をときめくエリート士官や将校生徒である。お世辞でも世間は大いに持て囃してくれる。この頃を常次郎は、内心では大いに得意になっていたと述懐している。　今まで、艱難辛苦の甲斐あって、ようやく迎えた常次郎の熟年期である。

男の甲斐性

戦前の日本は男尊女卑の専制社会で、男には大変都合のよい時代であった。甲斐性のある男なら、女の一人や二人は当たり前のこととして罷り通っていた。世間では恰も、それが男の勲章のようにも噂されたものである。芸者を揚げれば一夜の枕を共にすることくらい何でもなかった。

一応業界では全国にその名を知られるようにもなったし、子育て、家業も心配のなくなった常次郎が、その類の男とは無縁ではあり得なかったのも、時代の風潮や夫婦間の体力格差を考えると、まあ仕方なかったのかもしれない。

常次郎とつねは、どちらも激しい気性の持ち主で、もともと似た者夫婦とも言える点があった。若い頃、散髪屋に対し、つねや福雄の両親が抱いていた偏見が災いして、常次郎はつねを一時追い出したこともあったが、心底憎くて追い出した訳でもない。お互い好いて好かれての恋女房であり、惚れた亭主であったに違いない。

しかし年を経て夫婦喧嘩の度に、何時も辛抱するは自分のほうであった。女房のつねは、自分が何をしてやっても喜ぶどころかそれが当たり前と思っている。夫唱婦随どころか、我が家では夫唱不和であった、と常次郎は嘆いている。二階の部屋にあった「忍」の一字の掲額に常次郎の気持ちが偲ばれない訳でもない。

つね本人は決してそれほど思っている訳ではないのに、時としてつねのもの言いは優しさに欠け、確かに子供心にもきつく聞こえることもあった。損な声の質である。その傾向は子供達にも、強く遺伝していることを自覚せざるを得ない。特に常次郎にしてみれば、つねのきついもの言いに腹を立てることが多かった。

一方つねにしてみれば、感謝の気持ちはあっても夫婦間のことだから、一々言わなくても判っているじゃない、という甘えがあったのであろう。反面、幼少の頃継母にいじめられ、母性愛に恵まれなかった常次郎には、無意識のうちに、つねに母性的な優しさを求める気持ちがあったのである。

夫婦喧嘩のつど、常次郎はソクラテスの悪妻に例えた逸話を思い出して辛抱した。ソクラテスほどの偉人でも、そんなことがあるのだから、凡人の自分がそのような目にあうのも、これは前世からの因縁が然らしめる不徳の報いと諦めた。もっとも常次郎がいくら我が家は夫唱不和と嘆いてみても、婦唱夫随という訳でもなかった。何と言っても決めるのは、オヤジである常次郎だから、結局他人から見れば犬も食わぬ夫婦喧嘩。それが何より証拠には一晩寝れば一件落着、喧嘩しいしい子供が十人も出来ているじゃないか、と冷やかされるのがオチである。

もっとも、女癖の悪かったことは常次郎も認めているが、元はと言えば父親の辰蔵譲りかもしれない。その辰蔵も浮気者の父親に腹を立て婚家を飛び出した母親のもとで、粗野に育っている。言わば女好きは先祖代々とも言えるが、そんな家庭に育った常次郎をあまり責めることも出来ない。

紺藤きくゑとの出合い

自分でも認めているくらいだから若い頃、組合活動で方々飛回っていた先での女遊びは、つねには内緒で結構楽しんだのであろう。しかし子育ての終らないうちは、家長の面目にかけても、家庭内でそんな気配は一切見せなかった。それが些か箍の外れだしたのは、子育てに概ね目途がついた油断からであろう。

遊びのうちはよかったが、浮気も五十を過ぎて二十才以上も違う若い女とでは、遊びの様子も当然違ってくる。甘えられて、馴染みを重ねてゆけば、段々と情が移ってゆくのも自然の成り行きであったろう。そのうち困ったことには、とうとう子供が出来てしまった。戦後と違い昔は、妊娠中絶などとんでもない話である。

相手の名は紺藤きくゑ、明石で行われた業界の宴席で知り合ったらしい。女だけならまだしも、子供まで出来てしまった。こんなことがつねにばれると大事である。何とかしなければと常次郎は大いに困惑したが、どうにもならない。せめて子供だけは、面倒なことにならぬようにと、最初に生まれた女の子はきくゑの縁者綿村の養女として入籍した。この子が安代、昭和十六年三月のことである。

　何とか切れなければならないと思いつつも、なかなか切れないのが男と女の仲である。そんな中で、大東亜戦争も始まり、日本は緒戦の優勢に酔い痴れていた。三人の倅を、人も羨む軍人に仕立て上げた昭和十七年頃は、つねに内緒の秘め事はあるものの、常次郎にとって、まさに人生我が世の春であった。

満州で軍人会館

　ちょうどその頃、軍の御用商人をしていた本家の泉平商店が人材不足で困っていた。それも、遥か外地の満州に於いてである。

　五族協和、王道楽土の建設を旗印に、日本陸軍のごり押しで建国された満州国であったが、実は日本の植民地である。現在の中華人民共和国では東北地方と称されているが、その三江省、現在の黒龍江省の平野部ほぼ中央に、佳木斯《チャムス》という街がある。当時この佳木斯という街に姫路師団が進駐していた。

つねと常次郎夫婦の養父、浜吉の本家にあたる泉平は、姫路で手広く陸軍に食糧など納入していたが、姫路師団の満州進出に伴い、佳木斯で軍人会館も経営していた。この軍人会館というのは陸軍の兵隊さん達の保養厚生施設で、法律的には軍とどのような関係だったのかよく判らないが、軍の合同酒保の下部組織で、民間にその経営を請負わせたものらしい。

請負とは言うものの、その運営は当然軍の監督下にあり、その収支は月々軍の会計監査を受け、決してボロイという仕事ではなかったが、ある程度の利益は確保されていたようである。大した儲けにはならなくても、固い商売であった。

ところが戦局の拡大に伴い、派遣軍も次第に増員されてきた。兵隊さんの外出時には、最低でも一度に千人程度を収容する必要が見込まれた。従来の主任以下僅か二十人程度の従業員では、到底軍の要求に応じきれない。しかも、佳木斯に軍司令部まで進出してくると、司令官以下、高級将校の他、満州国を含め、政府要人のための施設も必要となってくる。軍は泉平に施設の拡大、人員の増強を要求してきた。

問題は、何分にも遠い満州の果てでの仕事である。そして通信連絡の手段も、現在のように発達していない。当然ここは、相当しっかりした人物を責任者に据える必要がある。泉平にしてみれば、棚から牡丹餅のような有難い話ではあるが、軍からの折角の話をしくじってしまうと、本業の食糧納入にも響きかねない。人選に困りぬいた挙句、当主平吉は常次郎に白羽の矢を立てることにした。

当主平吉は常次郎とほぼ同年輩であった。常次郎が日露戦争に従軍し、満州には土地勘がある上、多少でも満語が話せることまで知っていたのであろうか。血縁はなくても姻戚としての付合いは永い。平吉の妻のとせと、つねとも仲が良い。裸一貫から辛苦して、今日を築き上げた常次郎が、忙しい仕事の合間に町会議員をやったり、業界の為に活躍してきたことも熟知している。今は子育ても終り、後継者の常雄も立派な一人前、言わば楽隠居のような身分である。

散髪屋一筋であったから、軍人会館という畑違いの仕事がこなせるかどうか、一抹の不安はあったことと思うが、平吉は、ここは一つ常さんに頼んでみようと考えた。常次郎が片田舎の三田に在りながら、大日本理容連盟を創設、これを引っ張ってきた政治手腕を見込んでのことであろう。

一方常次郎は、まだまだやる気満々、しかし、国家の非常時、国を挙げての臨戦態勢とあっては、我が意に反し組合の仕事も思うに任せない。それどころか、店は常雄に任せているものの、下の三人の倅達に比べると、何時までも散髪屋をやらしておいては、その将来が可哀想であると思うようになっていた。

もしこの仕事の見込みが立つようなら、将来は常雄に引き継がせてもよいと考えた。少なくとも、国家が不要不急の仕事として軽視する散髪屋よりよかろうと考えたのかもしれない。

そこへもってきて、きくゑのことがある。本当なら二つ返事で引き受けたいところであったろうが、一応は即答を避けた。そして二度三度、決して悪いようにはしないからという、泉平からの要請に応える形で満州行きを承諾した。

その条件につき泉平と常次郎の間で、どうも細部に亘りきちんとした契約書を取交わしたようには思えない。口約束で相当曖昧な点もあったのではなかろうか。常次郎の書残したものによれば、軍人会館経営の名儀人は勿論泉平のものであるが、現在利益の三倍の増収を保証する代りに、実質的には常次郎に経営を任せるという、いわばある種の下請的な約束のようであった。このあたりの曖昧さが、後に両者間の感情的軋轢を生む原因になったと思われるが、それは後の話である。

ただ考えられることは、子供の頃は別として、一人前になる以前から、今まで殆ど人に使われた事のない常次郎である。この話も、別に自分が食い詰めて頼み込んだ訳ではない。たまたま双方の思惑が一致しただけのことである。まして常次郎は、自分は業界二十四万、家族従業員合わせて百五十万人の頂点に立っていると自負していた。

そんな常次郎であったから、仮にどんな旨い話でも、それが本家であろうとなかろうと、実質他人の使用人になるという約束など、これは絶対考えられない。常次郎にしてみれば、たまたま夫婦養子で泉姓になったが、本家といっても泉平とは単なる義理の仲で、特別な恩恵を蒙った訳でもない。

金は無くても今までは、何とか対等に付合ってきたつもりである。泉平から、春に飾磨の浜での舟遊びに呼ばれれば、秋は三田の松茸狩りに呼んだり、その他冠婚葬祭、結構それなりに付合ってきた。それどころか妻鹿の在所では、分家の養父母の為、埴生の宿も建て直し、永年その面倒をみてきた。

常次郎にしてみれば、こちらから頼んだ話でもない。いくら軍がついているからと言っても、遠い満州で、海のものとも山のものとも判らぬ仕事である。こちらにも多少の不安が無いとは言えない。三倍増益の条件なら泉平も充分満足できる筈だと考えていたのであろう。

渡満決行

常次郎は愈々満州行きの決意を固めた。それは永年手塩にかけた業界との決別でもある。相当愛惜の念にも駆られたことに違いない。業界仲間の歓送会を前に、挨拶回りでもしたのであろうか、厚生省の玄関前で友人達と撮影した写真も大事に保存していた。

勿論常雄一家のこともある。常雄は他の倅達と異なり大変おとなしく、父にも従順だった。高等工業の受験に失敗したが、当時のことだから何年も浪人させる余裕はない。そこで常次郎は自分の後継ぎにしたのだが、世の中は戦争一辺倒、国の指導者達までが、業界を不要視するような世情になってくると、些か先行きにも大した希望が持てない。

多年業界を引っ張ってきた者としては、何とも無責任な話ではあるが、他所の畑の花が紅く見えたのも事実である。それだけに、そろそろ散髪屋もやめる潮時であろうかとも感じ始めていた。

そうなると常雄の将来が可哀想である。それに嫁のヒデ子は健治の看病をよくやってくれたし、難しい姑のつねを助けてよくやってくれる。もし満州での仕事の目途がつくようだったら、将来は常雄をその仕事の後継ぎに呼び寄せようとも考えた。

しかし、肝心の妻のつねにはどう話したのだろうか。泉平からの話はそのつど相談したであろう。つねはもともと幼馴染の泉平贔屓、散髪屋をやめて本家の仕事を手伝うのなら、少々淋しいが或いは結構な話と思ったかもしれない。勿論、きくゑのことははっきりとは知る由もなかった。或いは多少怪しいとは感じ始めていたのかもしれないが、泉平の仕事で満州に行くのなら、浮気もそうは出来まいとでも考えたのであろうか。

満州へ行ったことはないが、花枝のお産の面倒をみるため、北朝鮮の平壌には暫く居たことがある。佳木斯が遠いといっても平壌までの倍くらい。大したことはないとも考えたか。そのうち仕事の目途がついたら自分も満州に行くことになるかもしれない等と、呑気な考えで同意したのであろう。

こうして遂に常次郎は、約四十年振りに満州の土を踏むことになった。昭和十七年三月、五十九才の早春である。

佳木斯での活躍

佳木斯に着いた常次郎は、早速仕事に取り掛かった。施設の拡充、人員の補強、そして仕事の段取りや組織の整備と、いきなり飛び込んだ畑違いの世界で、大わらわの活躍をしなければならなかった。

常次郎が先ず直面したのは資金繰りである。事業の拡大には当然資金が必要である。差しあたって必要となる資金は、勿論泉平が用意するものと常次郎は思っていたらしい。何しろ今までの従業員二十名を一挙に数倍にせねばならぬほどの事業規模の拡大である。常次郎は早速泉平に資金の準備を依頼した。ところが泉平の方では、金が無いの一点張り。わざわざ使いの者まで出して催促したが、挙句の果てはそちらで何とかしてくれという返事であった。

常次郎は大いに腹が立って、仕事を放り投げて帰ろうかとも考えた。この辺りの事前協議も甚だ不十分であったとしか考えられない。儲けを三倍にすると約束しても、資金負担を誰がするかによって話は大いに違ってくる。常次郎が完全な下請のつもりなら、泉平に資金を要求するのはおかしいし、泉平が常次郎を使用人と考えていたのなら、当面の資金は当然準備してやらねばならない。或いは、お互いに甘えがあったのであろうか。

しかし、常次郎は思い直した。ここでけつを割って帰ったんでは男がすたる。けれど遥々遠い内地から見も知らぬこの佳木斯に来たばかりの自分には、縁故も無ければ友人も居ない。後は軍に頼み込む以外に手は考えられない。常次郎は一切を打ち明け、恥を忍んで軍に頼み込んだ。

案の定、軍が資金調達で援助するくらいなら、なにも泉平にやらせることはない。やりたい人間はいくらでも居ると、経理部の若い将校にボロカスに言われた。将校といっても常次郎にしてみれば、自分の倅みたいな若造であったろうが、ここで「ヘイ左様ですか」と引下る訳には行かない。ここはそれ、例の「忍」の一字。しつこく、ねちこく、拝み倒したり、泣きついたり、永年役人どもを相手にしてきた常次郎も、今度ばかりは啖呵を切る訳にもいかない。

必死に食い下がる常次郎の熱意に根負けしたのか、言い負かされたのか。とうとう軍は請負業者の間組や勝呂組に話をつけてくれた。お陰で建設費用の支払いは総て月賦償還。一方軍への納品代金やサービス料金は、月末支払いで話がまとまった。これで資金繰りの目途もたてられた。

軍の口利きというのは、相手にとっては親方日の丸と同じ事で、こうなればもうしめたものだ。常次郎は一気呵成に事を運んだ。事実、常次郎が佳木斯で建設に当たった建物は、僅かな期間に、小は百五十平米から大は七百平米の社屋や工場など五棟、他に、軍の委託を受けて千五百平米の軍寮一棟、都合六棟にもなる。仕事も今までの単なる軍人会館の業務以外、これに関連派生する諸々の製造調達等サービスの業務を十一部門に亘って引受けるようになり、人員も百五十人にまで増員した。


その人種構成の内訳は概ね、満州人、朝鮮人、そして日本人それぞれ三分の一という割合であった。しかし、日本人の処遇には頭を悩ました。軍の方針では、当時日本人の給与は朝鮮人の倍、朝鮮人は満州人の倍という基準であった。ところが、この基準では外地に於ける日本人の体面が保てない。そこで軍には内緒で帳面上は日本人従業員であるが、実際は満州人に仕事をやらせ、浮いた人件費を日本人に回すという危ない芸当もやった。

その反面、精神的には一切鮮満人を差別しなかった。一見いかついが、付合ってみると人なつこい常次郎の親分気質が鮮満人にも通じたのであろう。常次郎は誰もが一生懸命に働いてくれたと回顧している。また、常次郎が多少でも満語を話せたことが、特に満州人に親近感を与えたこともあろう。営業成績もぐんぐん上がり、軍との関係も益々親密になった。

所詮は軍といえども人間の集団に過ぎない。時には失敗があっても、巧みな対応で窮地を切り抜けた。

機転と采配、災い転じて福となる

ある朝、寝室にいた常次郎はけたたましい電話の音に驚かされた。佳木斯の春は八時でも辺りはまだまだ薄暗い。こんな朝から何事かと受話器を耳に当てると、パン工場辰巳主任からのうわずった声である。

「昨日、六四六部隊から軍本部を通じ、演習用の小夜食三千食を受注しました。引渡しは会館工場で八時ということでした。ところが部隊から今受領に見え、困っています。

こちらは小夜食と聞いておりましたから、夜の八時に渡せばよいと考え用意しておりません。今、急に言われても、どうにも仕方ありませんと言ったところ、今までと違い新顔の将校で、大変腹を立てて本部に報告されました。本部からは目ン玉が飛び出るほど叱られたところです」

「部隊の将校は受取らねば帰らないと頑張っていますが、私では喧嘩になってしまいますので、お願いします」ということである。

常次郎は早速工場へ急行した。困ったことになったワイと思ったが、これは、「小夜食、八時」、と聞いてうっかり夜の八時と勘違いした辰巳の完全な落度である。そのころ軍は既に二十四時間呼称を採用、八時といえば午前八時、夜の八時は二十時である。とにもかくにも常次郎は工場へ着くなりその将校に丁重な詫びを入れた。そして、「今から三十分後に小夜食に事欠かない品をご用意いたします。申訳ありませんが、それまでご辛抱願います」と大見得を切った。

カンカンだったその将校も、責任者のその言葉に一応納得してくれた。

常次郎は即時全員の集合を命じ、パンと餡子のストックを全部持って来させた。いやしくも会館は、軍隊相手の商売であるから、緊急事態発生に備え常時一万食の非常食を用意していたのである。常次郎は咄嗟にそれを思い出していた。

そして調理場からあるだけの包丁ナイフを持って来させ、先ず常次郎が見本を作って見せた。食パン一山に二つ切り目を入れ、そこに餡子をどっさり入れるだけ、いわば餡入りのサンドウィッチのようなもの。これなら簡単、誰でも出来る。引取りに来た将校にその見本を食べさせたところ、これなら結構とご機嫌を直してくれた。そして三十分後には見事出来上がり。

しかし、その間にも本部の方からは、じゃんじゃん電話で大文句。常次郎は引渡しが終って早速謝りに行ったが、本部では、

「小夜食でも三千食のものが、たった三十分で出来る筈がなかろうが、怪しからん奴だ」と、ボロクソである。

常次郎はおもむろにサンプルを差し出した。

「確かにご注文の品とは違いますが、これこの通りの品をご用意致しました。部隊ではかえって喜んで頂きましたので、何卒ご容赦下さい」と詫びを入れた。

ところが今度は担当官が、

「そんなことすれば、お前の処では相当の赤字になる筈だ。こちらは損までしろとは申しておらん。時間を間違えたのが、怪しからんと言っておるのだ」

となかなかご機嫌を直してくれない。仕方がないので常次郎は一席ぶった。

「確かに時間を間違えたのは当方の手落ちで誠に申訳もございません。今後とも充分注意させます」

「しかし、お前のところでは損するだろうというご注意、大変有難いとは存じますが、私共ではこれ位のことは当り前と存じます」

「平素私共では、百五十人もの人間が、軍のお陰で飯を食わせて頂いております。そんな軍納業者が演習用の小夜食とは言え、軍糧調達にしくじりがあっては、業者として失格。不忠不義の臣と言われても仕方無いほどの不名誉と心得ます」

「ここは何としてでも間にあわさねばと、それだけの話であります。軍納業者としては本分が尽せたと痛快であります」

大きな声はもとより常次郎の地声である。経理部長や参謀長の耳にも聞こえた。逆に二人はよくやったと、常次郎を褒めてくれた。

若造将校恐れ入る

そんな事があって間もない或る日のこと、常次郎は所用で経理部の将校二人と司令部の玄関を出て、道路を東の方に歩いていた。そこへ反対側から来た立派な自動車が、常次郎達の前でピタリと停った。そして中から人が降りてきた。

「お丶泉さん、貴方こんな処に来ておられたのか」と、手を差延べて来た。

何とそれは神戸出身の中井一夫、当時の内務政務次官である。向うも吃驚、こちらも吃驚、お互い奇遇を喜んで握手した。道理で四、五日前から、軍の方では内地からお偉さんが見えるということで、大分騒いでいると思っていたが、常次郎はそれが中井一夫とは知らなかった。この中井や砂田重政は、その選挙区で常次郎が連合会長としていつも応援してきた仲である。

その中井が「泉さん、あんたどうしてこんな処にいるんだ?」と訊ねるのも当然で、常次郎は「斯々然々」軍人会館をやっている旨返事した。

常次郎は内心甚だ面白かった。連れ立っていた二人の将校が、相手は内務次官と判るや畏まって挙手の敬礼、常次郎達が話をしている間中、直立不動の姿勢でシャチコ張っていた。

その中井次官が立ち去ってから、二人の将校はあっけにとられた面持ちで訊ねた。普段は何時でも勝手な時に呼びつけて、自分達が用事や文句を言っている相手に、態々《わざわざ》次官の方が車から降りてきて話しかける。コリャあまり馬鹿に出来んぞとでも思ったのであろうか。

「ヤァ、吃驚したなァ、オヤジさん。貴方は一体内地でどんな仕事をしていたんですか?」

常次郎は内心、

「どうだ！ 少しは恐れ入ったか」と、言いたいところであったろうが、

「いやァ、別に大した仕事をしていた訳じゃないし、たかが散髪屋のオヤジで、人様に自慢するほどのもんじゃありまへんよ。ただ兵隊さんは、我々業者を牛か馬か、人間の滓かのように思ってなさるが、私は別に内地で食い詰めて来た訳じゃない」

「昔は私も、日露戦争でこの満州に出征した。だから兵隊さん達の苦労は身に沁みて知っている。この非常時、軍人会館の仕事でお国の為になればと、老骨を引提げやって来た訳。まぁ、内地にいる時、中井君あたりは常々組合で世話してきた友達の仲ですよ」

と一席ぶった。

中井は早速その晩、約束通り軍人会館に私人の資格でやってきた。政府の要人であるから、当然軍の方でもしかるべき接待の用意はしていたであろうに、恐らくそれをキャンセルして

のお出ましである。二人は久闊《きゅうかつ》を叙しながら、時局談議に話が弾み、常次郎も大変愉快な一時を過した。

予想もされなかった事の次第は忽ち本部の噂になり、常次郎の名は一度に上の連中にも知れ渡ったと見える。そして結構なことに、軍としても常次郎を見直す動機の一つになったのであろう。

山下奉文との出合い

それから間もなく、姫路の第十師団長の十河次郎が大将に昇任、佳木斯軍司令官になった。そして就任披露宴を軍人会館でやってくれることになった。招待客は日本側だけではない。満州国の三江省長官や、満州軍佳木斯師団長以下、満州側の要人をも交え、三十名以上の宴会である。

もとより軍人会館などというものは、いわば武人の蕃用にも堪えなければならない。民間のホテルや料理旅館などと比べると、料理やサービスから設備や什器備品に至るまで、まともには太刀打ちできない。時節柄、ここ満州でもそろそろ物資の不足が取沙汰されてはいたが、ただ物資だけは軍のお陰で何とか間に合っていたのが取柄であったろう。

それにしても当時、日満の政府や軍部の要人が宴会に使ってくれるのは、軍人会館にとっても大変名誉なことであった。ここは一番大サービスをしなければと、常次郎は自ら諸々陣頭指揮に当たった。演壇のテーブルには大きな花瓶に花を生け、宴席には常次郎が好きなフリージアの一輪挿しを並べた。お茶碗には困ったが、何とか揃えてお薄茶の用意もした。

今ではこんなこと、どこでも当たり前のことであるが、当時辺境の地、佳木斯では珍しかったと見える。副官から、こんな趣向が常次郎自らの采配に依るものだと聞いた十河司令官は、それから司令官の公舎で何かある度、常次郎をご指名で指図に当たらせた。

亀の甲より年の功、才覚を見込まれた常次郎はその後、軍の特命で、諸々の仕事をこなすようになる。佐官級以上の利用に供された高級施設の管理もその一つであった。

昭和十八年、関東軍が三江省での湿地大演習を行った時には、山下奉文、阿南惟幾などもここに泊り、常次郎は特命でその接待に当たった。その時山下が、常次郎に贈った書には、巨杉と号して次のように揮毫されている。

「助爾者爾也　亡爾者爾也」

(汝を助けるものは汝、汝を亡ぼすのも汝であるの意)

常次郎はこれを家宝として表装、保存することにした。

昔は将軍提督など、ただ時流に乗って持て囃されていただけで、今から思えば国賊のような人物も多い。そんな人物でも、その正体が時代の権力構造によって擬装されていた時には、誰もが揮毫などを大変有難がって頂戴したものだ。そんな中で、将軍としての山下奉文は、時代の英雄、そして悲劇の猛将として、歴史に名を留め得る人物の一人であろう。

マレーの虎として勇名を馳せた山下は、東條と仲が悪く、最後はルソンの山中に米軍を迎え撃ち、最後の抵抗を試みたが終戦により投降、遂には米軍に銃殺された。常次郎は彼に直接接したただけに、この書を山下の絶筆のように感じ、感無量のものがあったようである。

常次郎のツキの良さ

それにしても、常次郎はツイていた。本来なら大目玉を食らうところが、しらっぱくれて、逆に軍から賞状を貰うなど、「俺は偉そうなことを言ってはいるが、結構チャッカリしたところもあった。自分自身、正直かずるいのか判らない点もある」とも述懐している。その賞状というのは残っていないが、事の仔細は宿舎の火事の際に、迅速適切な消火活動をした、というものである。

実は軍人会館では、軍から借受け朝鮮人宿舎として使用していた建物があった。或る日の昼過ぎに、会館の連中が、「火事だ！　宿舎が火事だ！」と騒ぎ出した。吃驚して外へ出て見ると、佳木斯郊外にある宿舎の方向で煙がモクモクと上がっている。これは一大事！　常次郎は直ちに非常呼集をかけた。軍人会館だけに、平素訓練の賜物で、忽ち約百二十人が集まった。

会館から二キロ程離れているが、車や自転車を総動員して現場に駆け付けたところ、幸い大きな火の手は未だ上がっていない。煙突からは盛んに煙が吹き出しているが、他にも長屋造りの宿舎は屋根裏を伝って、方々の軒下からも濛々たる煙である。常次郎は咄嗟に判断した。これはオンドルの煙に違いない。そこで常次郎は若い連中を連れて、火元と思われる家に飛び込んだ。そして煙にむせびながらも遮断鈑を閉切った。

火事の原因の最たるものはこの遮断鈑の閉め忘れによるものである。兼ねがね厳重に注意はしていたが、この時も入居朝鮮人が閉め忘れていたらしい。この遮断鈑はオンドルの火力を抑える為の鉄鈑である。これさえ閉めればもう一安心、皆の懸命な消火活動のお陰で、火元の家と両隣が半焼程度で大事には至らなかった。

軍からも係官が飛んできた。その頃には火も一応消えていたが、不始末の原因は軍で調査するから、帰って沙汰を待てとのことであった。軍が真先に調べたのは勿論遮断鈑である。普段から火事の原因になる遮断鈑の、閉め忘れがないかどうかを調べるのは当然である。

ところがこれは閉まっている。火の中に飛び込んで常次郎が真先に閉めたとは、知らぬ仏の係官は煙突周辺の工事ミスと断定。お陰で気の毒にも建築業者は大目玉を食らう一方、常次郎は消火活動に功ありということで賞状を頂戴するという、妙な結果になってしまった。

知らぬ顔の半兵衛を決めこんだ常次郎は、俺も結構チャッカリしたところもあると反省しているが、常次郎にはツキがあったのであろう。

人生浮世の柵《しがらみ》

しかし人生、月に叢雲、花に風、とはよく言ったもので、総てが順風満帆に運んでいた訳でもない。

仕事の方は、自分自身も大いにやり甲斐を感じ、業績も大いに伸びていた。軍の評判もいいし、従業員の受けもいい。噂は当然泉平にも伝わる。泉平もはじめは常次郎に頼んでよかったと思っていたに違いない。ところが、思わぬところから大きな破綻が生れる。正に浮世の柵という奴であろうか。身近なところから人間関係が一挙に悪化した。それは長女かづの婿、泉定次郎が引金になったようである。

定次郎は泉平の当主の姉えつの入婿である。だから平吉には義理の兄になる。しかし、そのえつが亡くなったので今度はかづが後妻に入った。だから常次郎には義理の息子ということになるが、年齢は弟程度である。

渡満後、間もなく泉平から、この定次郎をどんな仕事でもよいから、そちらで使ってくれという話が出た。見知らぬ人間ばかりの外地なので、常次郎も心強く思ったのであろう。喜んで引受けることにした。

当初、常次郎はこの定次郎を身内として重用しようと思っていたらしいが、定次郎は百姓以外に客商売の経験は無い。勿論、常次郎のような社会的活動の経験も無い。ここまでは、見込み違いということで仕方がないとしても、身内との関係が予期せぬ方へと動き出したのである。

先ず、泉平との関係がぎくしゃくしだした。泉平からは、そちらの景気や営業成績に較べ、こちらの取り分が少な過ぎるのではないかと、文句が出始めたのである。

常次郎としては渡満以来、泉平からは必要資金を送って来ないが、こちらは約束の三倍どころか、それ以上のものを送金している。これじゃまるで、使用人に対する態度じゃないかと常次郎は腹を立てた。そして、こんな事を言ってくるのは、定次郎が泉平に見当外れの中傷をしているんじゃないかとの疑惑を抱くようになった。

更に困ったことに、常次郎が一番心配していたことが起きてしまった。以前からつねは、何となく様子が怪しいとは感じていたらしいが、その隠しに隠していたきくゑの存在が、とうとう妻のつねにばれてしまったのである。

ばれたのは、定次郎が佳木斯に来て間もなくのことのようである。だから、この発覚自体は定次郎のあずかり知らぬことであったろう。この辺りの事情は遠い昔の事で、当事者達が亡くなっている為、本当のところははっきりしない。すべては推察の域を出ないが、逆に泉平としては、つねのためにも、そして、事業を取り巻く常次郎との、人間関係がややこしくならない為にも、定次郎を送り込んでおいた方がよかろうと考えたのかもしれない。

実際つねがどのようにしてきくゑの存在を知ったか、その間の確かな事情はわからない。或いは、これはあくまで想像に過ぎないが、常次郎はきくゑのことを、ヒデ子だけにはそれとなく洩らしていたのではなかろうか。それが何かの拍子にポロリとばれたとも考えられる。

それはそれとして、三田に取り残され、喧嘩相手が居なくなって淋しい思いをしていたつねが、今度ばかりは子供までつくり、永らく裏切られていたと知っては腹を立てても無理はない。

常次郎にも激しい文面の手紙が送られてきた。怒りをぶつける当の相手が満州では、つねが明石のきくゑに鉾先を向けても、これ又やむを得ない。常次郎は常次郎で、つねが明石まで赴いて、きくゑに詰問したことを聞いて大変憤慨した。自分の男がすたったとでも考えたのであろう。しかし、これはお門違いというもの、この辺りは明治の男の勝手な理屈である。

常次郎は、「一つにはきくゑと別れるためにも、渡満しようと考えた」と記している。去るものは日々に疎しの譬もある。自分が遠い満州に行ってしまえば、或いはきくゑとの縁も切れるかもしれない。自分も諦められるかもしれないし、きくゑも諦めてくれるかもしれない、という微かな考えがあったことも、あながち否定出来ない。

それは常次郎が定次郎を快く引受けたという点である。考えてみれば、かづの夫定次郎は、明かにつねサイドの人間である。予め常次郎に、きくゑを呼び寄せようという魂胆があれば、いくら何でも定次郎を引受けなかったであろう。


されればとて、つねが常次郎の浮気を知って、焼餅を焼かないほうがおかしい。そもそも、かづのことは常次郎が承知の上で夫婦になったのである。そのかづのことがあるので、気の強いつねが色々辛抱してきた事もあろう。

一方、亭主関白という点では常次郎も人後に落ちなかったと思われる。喧嘩しいしい四十年近く、苦楽を共に連れ添ってきた仲であるが、今度ばかりはつねは容易に常次郎を許せない。そして定次郎にも当然様子を聞いてきたことであろう。

実際、定次郎がどのように知らせていたのか判らないが、人間の心理として、一度蒔かれた不信の種はなかなか消えない。常次郎が、定次郎の存在を苦々しく思うようになるのも、これまた聖人君子でない限り致し方のないことである。このことについて、一番辛い思いをしたのは、母と、義理ある父と、そして自分の夫という、三者のはざまに立って、何も言えなかったかづであったろう。

こうして、つねの嫉妬や、きくゑへの怒りと、定次郎の存在が逆効果となり、常次郎はきくゑを満州に引き取る始末になってしまった。

つねから見れば、最初からその魂胆であったろうと思われるし、常次郎から見ると、きくゑとは、別れようと思っているのに焼餅を焼き過ぎたり、定次郎をスパイのように送り込んだりするから、腹を据えかね女を呼んだということになる。そして、昭和十八年一月には二人目の女の子供が出来た。久代と名付け、これまたきくゑの親戚、北野の子として届けられた。しかし、ここはどんな理屈をつけても常次郎に勝味はない。つねの怒り、悲しみ、悩みは筆舌に尽し難かったであろうが、子供のことを考えるとお互い離婚という事態だけは辛抱した。

そんなつねにとって、恨み辛みを打ち明けられるのは、子供だけであったかもしれない。その子供も頼りになる息子たちは、常雄を除いて皆軍人である。大東亜戦争最中とあって、休暇もままならない。それでもよくよくのことであったろう。常次郎渡満後、休暇で帰省した五郎を姫路手柄山の福雄家の墓地に伴い、綿々と愚痴ったことがある。

しかし当時、海軍兵学校で純粋培養的精神訓育を受けていた若い五郎には、未だ男女間の機微など判る筈はない。妾、てかけの話など、当時としては、至極ありふれたことなので、とうとう親父もそうなったかくらいで、一向に吃驚も憤慨もしない。つれない応答にさぞやがっかりしたことであったろうが、今更悔んでも何ともならない。

ただ肝心の常雄は、何れにせよ満州に行って常次郎と一緒に仕事をすることになっている。もし、常次郎がきくゑを満州に引き取るとなれば、言わば常次郎の不倫を公然と認めるといった立場になる。当然、わが子といっても、常雄夫婦とつねの間柄には微妙なわだかまりも生まれたことであろう。ここでもヒデ子の立場は甚だ微妙なものであったに違いない。

更に常雄がいよいよ渡満となると、家を守るのは嫁と姑の二人、その立場は益々難しいものになる。ただ、永らく子宝に恵まれなかった常雄夫婦に、漸く十七年の九月に待望の洋子が生まれたことは、つねとヒデ子の間を取持つ縁としても貴重な存在であった。

その我が子をいとおしむ間もなく、満州へ行かねばならなかった常雄も、後ろ髪を引かれる思いであったろう。

運命、その明と暗

このような複雑な人間関係を抱え込んでの常次郎の満州生活であったが、後継者の常雄を迎えて、常次郎は益々仕事に励んでいた。何よりの強みは軍に信用されたことであろう。その為、結構濡れ手で粟の儲けも出来たようである。

例えば軍需物資、といっても食糧等が主であったろうが、満州人が現地で納入に際し、軍が除外した不適格品をその場で別途、その満州人から買い受ける便宜を与えられた。軍としては、買取りを拒否したものだから、それをその満州人が誰に売ろうと、誰が買おうと関係ないということである。

ここでも常次郎片言の満語が大いに役立ったのであろうか。そんな不適格品でも、当時の満州では結構な商売になったらしい。物資の不足はこのような辺境の地にも及んでいたのである。


そんな中で、軍から新たに軍人会館経営の話が持ち込まれた。それは佳木斯の北方約二十里（約四十キロ）の辺りの鶴崗《ホーカン》という処である。アムール河（黒龍江）を隔ててソ連とも二十里ほど、後から思えば大変な処であった。

しかし常次郎は更に新天地を求めて進出、この機会に泉平とも縁を切ることにした。そして、常雄を伴い新たに軍人会館の経営に乗り出すが、今度は常雄を名義人にし、自分は後見役にまわることとした。

この時の鶴崗進出についても、定次郎が泉平に中傷して、若干のトラブルがあった、と常次郎は記している。真偽のほどは不明であるが、何れにせよ運命の分れ道であったに違いない。

実は、佳木斯を去って一月内外のうち、常次郎が建設に当たった建物が失火で焼失してしまった。それも六棟のうち軍寮だけは無事であったが、残りの五棟は次々原因不明の事故である。常次郎が在任中であれば、面子は丸つぶれどころか、責任上自分の財産まで失いかねない事態である。常次郎は己の強運に改めて神仏に心から感謝したのであった。

そして、鶴崗での軍人会館経営は、常雄が責任者として順調に経過していった。更に軍から新たに接収地の開拓話が持ち込まれた。佳木斯北方にある湿地百町歩余りの開墾である。この土地、実は或る開拓者がやり切れなくなり、お手上げをしてしまった。そこで仕方なく軍が引き取ったものである。或いは常次郎なら成功させられるかもしれないと、困った軍が白羽の矢を立てたのである。開墾に成功、米が獲れるようになれば総て軍が買い取るし、開拓作業にも協力を惜しまないという、誠に結構な条件であった。

百姓など、ほんの真似事程度の経験しかないが、そこは何でも自信家の常次郎である。況や故郷三田は天下の米処、専門家は三田から連れて来ればよい。労働者は佳木斯に来てから常次郎を慕っている朝鮮人が沢山いる。

常次郎は大いに張切って、準備に取り掛かった。何と言っても先ず、三田から優秀な百姓を連れて来なければならない。それにこの仕事は相当の大事業である。片手間にやれるようなものではない。軍人会館の方は一切常雄に任せるとしても、常雄も一人だけではやりきれない。ヒデ子と洋子も満州に引取ってやらねばならない。しかし、つねをどうするつもりであったのだろうか。

それは判らないが、常次郎がそんな用事で三田に帰っている中に、正に一大事が起きてしまった。常雄に現地召集が下ったのである。普通は本籍地を管轄する連隊に入営するのであるが、現地召集では所在地の部隊に入営しなければならない。

既に大東亜戦争も、比島奪還を目指す米軍の猛攻に、戦局は日に日に悪化していた。関東軍は陸軍が年来の仮想敵国ソ連への、防衛戦力として温存してきた虎の子の戦力である。大本営はこの精鋭部隊まで、比島戦線に振り向けなければならなかった。その為、常雄のような老兵まで現地召集をかけたのであろう。もともと、母親のつねに似て、華奢で優男の常雄である。まさかそんな常雄まで召集されるとは、常次郎にとっても青天の霹靂であった。

常次郎は何をさておいても急遽満州へ引返した。入営までには何とか間に合ったが、万事休すである。常次郎は心底落胆したことであろう。常雄が居てこその満州進出の目論みが、根本から崩れたのである。さればとて、一家を挙げての満州移住は、他の現役三人の倅達のことを考えると、どうしても出来ない。

常次郎は満州撤退を決意した。結果的には誠に幸運であった。当初三ヶ月程は、代理人をおいて仕事をさせたが、軍の方も本人不在では都合が悪いということで、軍が斡旋して結構な代価と引き換えに、肩代わりをしてもらうことになった。

この決断は後から考えると、実によかった。もし無理して満州に執着しておれば、残忍、無法なソ連の参戦で、一家はどうなったか判らない。ただ残念なことに、華奢な常雄は厳しい軍務が災いし、遂に終戦の年の三月十一日、満州国三江省虎林の陸軍病院で肺炎の為、戦病死するという痛ましい結果になってしまった。虎林は佳木斯の東南東約二二〇キロ、ソ連国境からほど遠からぬ僻地である。

しかし考えようによれば、もし生きていても、シベリア抑留は必至、更に無惨な最後であったかもしれない。或いはもし、常雄が三田に居ればという仮定も成立つが、当時の戦局を考えると、別途召集も必至の情勢であり、これればかりは一族、只々常雄の冥福を祈るばかりである。

運命の神が、常雄を犠牲にして、一家を助けてくれたとしか考えようがない。

槿花一朝の戦争成金

帰国後の常次郎は、きくゑや二人の子供は明石に帰し、子供達の養育の目途も立て、当分正に悠々自適の生活であった。勿論戦時下の窮乏生活であるから、万事物資が潤沢であったとはいえないが、満州での稼ぎで家計は相当楽なようであった。言わば札束でつねの機嫌を直し、一応夫婦の体裁だけは保たれることになった。

此の頃の常次郎が、人生で一番裕福な時代であったらしい。今西謙一を婿養子に迎えた満喜乃の為にも、兄重太郎の借金を全部清算、家屋敷を確保し、多年の念願であった中川家の将来をその孫達に託した。不動産としては駅前自宅の他、借家が縄手に三戸、鈴蘭台に二戸、谷上に一戸、妻鹿にも一戸、自宅の店舗部分も元弟子の増田駒雄に貸し、これら家賃収入も相当あった。その他山林二町歩、京口にも六十坪の屋敷、更に十万円程の現預金があった。

当時の十万は相当の金額である。戦前は千円で家が一軒建つと言われたくらいである。大東亜戦争も末期の昭和十九年には、金はあっても物資がないから、使いようがない。軍事優先で民間人は旅行も思うに任せない。精々出征兵士への面会旅行が優遇される程度であった。常雄には面会に行ってやりたかったであろうが、軍事機密でその所在や消息は判らない。

それでも、ソ連とは未だ戦争状況になかった中で、常雄戦病死の思いがけない報は、一家を悲嘆の淵に突き落とした。

一方、十七年暮、呉で多代栄と結婚、建築部部員の官舎といってもマッチ箱のようなバラックで、新婚生活に入った光秋であるが、十九年三月には五建部員としてサイパンに赴任した。しかし、その直後米軍のサイパン攻略で確かな生死のほどは不明。ロタ島にいるらしいという噂に一縷の望みを託していた。

　二十年の四月末、メレヨン島への輸送作戦の途次、伊三六九潜水艦でトラック島へ寄港した五郎は、第四艦隊司令部で、ロタ島の施設隊長として光秋が発信した電文を見せてもらった。そして無事任務を終えた五郎が、帰国後生存確認の報を三田に齎したときは、皆一安心したであろう。

　老夫婦にとっては、その五郎や士官学校在学中の陸海との面会旅行が、最大の楽しみであった。勿論、この時は旧婚旅行のようなもので、つねも少しは楽しかったに違いない。五郎が学生で、大竹の潜水学校に居る時には、結婚話を持って呉まで来てくれた。しかし、学生教程を終え再び実戦部隊に配置されれば、恐らく戦死間違いなしと考えていた五郎は、勿論つれない返事で二人はがっかりしたことであったろう。

　いずれにせよ金はあっても楽しみの無い時代、戦局は益々悪化し、遂に終戦を迎える。

五、天晴れな晩年

信念と信仰に導かれ

敗戦後の混乱

終戦後の窮乏生活の苦しさは、今の人には判らない。金はあっても食料品や衣服、日用雑貨は配給制で、人々は飢えに苦しみ、生活に不便を強いられた。闇物資の買出しは下手をすると後ろに手が回る。

光秋の嫁多代栄も生まれたばかりの長男一誠を連れて、三田に同居していた。配給だけでは到底足りない。一家の主として食料品の確保は大変だった。常次郎は早速、京口の空地を家庭菜園に耕し、慣れぬ畑仕事に精を出した。

終戦直後、五郎、陸海は早々に復員したが、五郎は間もなく再度召集を受け、大阪軍需部で暫く弾薬処理業務に従事していた。その頃、大阪軍需部の庁舎は、海軍が接収した北浜の朝日麦酒の社屋にあり、宿舎は同じく接収した船場の大豪邸で、しかも女中さん付きであった。広大な敷地に、中庭を挟んで周囲に建物を回らした、とにかく立派なお屋敷であったが、それがなんと五万円で売りに出ていた。

その事を噂話で話したら、常次郎は買い取ってもよさそうな口振りだった。五郎は常次郎がそんな大金を持っているとは露知らないから、親父頭が少々可笑しいんじゃないかと思ったことがある。その時、これを買っておれば大変な儲けになったかもしれない。終戦直後の大混乱期であったから、大豪邸などどうなるか判らない。それより如何にして飢えを凌ぐかの時代であった。

そして翌二十一年二月には新円発行、旧円は全部封鎖されてしまった。一ヶ月に世帯主は三百円、家族一人に付き百円しか預金は引出せない。その間インフレは猛烈な勢いで進行、封鎖解除になった頃には金の値打がなくなり、元の木阿弥という次第、常次郎は槿花一朝の夢であったと述懐している。

しかし、常次郎は家長として、逞しい生活力でこの苦難の時期を乗越えた。明石にも時々出掛け、三田からの物との物々交換で、家族の栄養補給に努めた。とても食えない代物でも、常次郎は工夫して栄養源にした。

五郎が宗谷海峡の掃海作業に従事していた二十一年の初夏、稚内から昔の大きな茶箱に特産の昆布、数の子、身欠き鰊を詰めて二箱、三田に送った。国内輸送もままならぬ時代、果して三田まで着くか心配されたが、これが奇蹟的に着荷した。

当時食料品など闇物資は、総て警察の取締りに引っ掛かり、容易に先方までは届かなかった。しかし昔の茶箱は内部が錫箔で気密があった為、目張りをすれば臭いが洩れなかった。中味は総て乾物なので目方が軽い。おまけに発送人は危険な掃海任務についている海防艦乗員で、中味はその転勤荷物名義のため検査を免れたのであろう。

現地稚内では輸送がままならぬ為、只みたいな値段だったと思うが、三田では物々交換の珍品として大いに役立ったらしい。しかし数の子、昆布は別として、身欠き鰊など戦前は大量に獲れ過ぎ、畑の肥料にしたくらいで、あまり美味いものではなかった。

常次郎はこの鰊を工夫して色々料理し、家族に食べさせた。口のうるさかったつねなどは、大分辟易したらしいが、洋子や一誠など幼児の為にも貴重な蛋白源であったそうである。この時分、常次郎がご披露した満州仕込みの水餃子などは、まさに天下の珍味であったろう。やがて光秋も五郎も無事復員、光秋一家は垂水に転居、五郎は暫く陸海とスポーツ店をやっていたが、二人とも相次いで結婚した。若い夫婦が更に二世帯も住むには家が狭過ぎる。さればとて、三田も依然として住宅難である。確たる見通しがあった訳ではないが、五郎は上京して中央大学に進学。結局末子の陸海が家に残る事になってしまった。

終戦後の世相は総ての価値観が激変し、正直なところ、常次郎も暫くはどうすればよいか、判らなかったのではなかろうか。

人生の絶頂期、三輪町長

漸く常次郎が常次郎らしさを取り戻すのは、戦後の町村合併の嵐の中で、旧有馬郡の南半分が神戸と西宮に吸収され、残存郡部の自治が危惧されるようになってきた頃からである。喧々囂々《けんけんごうごう》たる世論の中で、常次郎は県当局が奨める三田、三輪、小野、高平、広野、相野、藍の七ヶ町村残留合併を是とし、町長選挙には志手原の竹谷候補を推した。しかし、結果的には竹谷町長は一年も持たず、今度は常次郎が衆望を担って、自ら立候補することになった。

町政的には既に知名度の高い北村幸三郎や平井二郎など、七名が乱立する選挙戦であったが、常次郎は見事栄冠を勝ち得て三輪町長に当選した。昭和二十五年四月、常次郎満六十六才と一日であった。選挙運動中には、田圃の案山子にまでお辞儀したという笑い話も残っている。目の性がよくなかった常次郎、遠目には案山子も選挙民に見えたのであろうか、笑い話にされたそうである。

常次郎が町長になって先ず驚いた事には、半月後に五十万円の支出を控え、手許金僅かに十万という、財政の逼迫振りであった。他にも、古い小さな町のことである。縁故因習の柵で、役場内にも町長選挙のしこりが残っていた。常次郎は選挙戦で戦った平井二郎を助役に迎え、職員一同にも、公平無私、全員一致協力して、漫然財政の立て直しに励むよう要請した。

町長在任中の業績は、常次郎が私人として成し遂げたことではない。あくまで公人としての業績なので、その概略のみを記載する。

ただ、常次郎の町政哲学を些か大袈裟に言えば、治山治水、殖産民生といった、戦国武将の治世に通じるものがある。それと、組合時代に培った官僚との抜群の交渉能力、これが僅か一期、四年の間に歴代町長の誰もが為し得なかったほどの事業を完遂、或いはその基礎を確立した。

　常次郎の事業方針は、国庫、或いは県費補助のあるものを最優先することにし、不用不急や情実或いは惰性でやっているようなものは、全部廃止又は休止した。その一方、重要且つ、緊急の事業でそれらの補助がないものは、徹底的に県に掛け合い、その支援を取り付けた。

　その例が山田川の改修工事である。この山田川の流域は三輪町だけである。昭和二十年、二十三年の大雨に、流域の被害は甚大であった。しかし、三輪町のみを流れる小河川である為、武庫川改修付帯工事としての事業が打ち切りになった。国も県も、何処も同じ財政難という訳である。


　常次郎は就任直後から、猛烈な陳情を開始した。陳情は常次郎の独壇場である。支流とはいえ、本流の武庫川同様の暴れ川である。いくら本流だけ整備してもこの山田川を整備しなければ意味が無い。ねばりにねばって、遂に全額県費支出を勝ち取るが、この山田川こそ、常次郎にとっては思い出深い川でもあった。

　それはちょうど一昔ほど前、簡易水道の水源を求めて村上三田警察署長と探索、絶好の適地として発見した時には、二人で手を握り合い、喜んだ処でもある。

この山田川の改修工事の目玉は滑谷砂防ダムの建設である。それもただの砂防ダムではない。多年良水に恵まれなかった三輪町に、天の恵みの水源を兼ねたダムでもある。このダム建設の夢を叶えてくれたのが、当時建設省でダムの神様といわれ、後に衆議院議員、砂防会館の主となった赤木正雄、県の黒沢文雄河川課長の二人である。常次郎の良き理解者であった。

幅六十メートル、高さ十三メートルのこの滑谷ダムの建設費一千万円、三輪町上水道の敷設費七百万円は、共に国や県の起債で賄い、返済は徴収した水道料金をこれに充当した。

戦後豊かになった現在の日本では、インフラ整備など当然のことと考えられているが、終戦後の貧しかった当時、多年水に悩まされた三輪町にとって、上水道の普及は何よりの恵みであった。常次郎が「三輪町水道の父」と称される所以であり、滑谷ダムには常次郎揮毫の銘鈑が嵌込んである。

その他、常次郎が町長として手掛けた仕事は、農地灌漑水路と農道の整備、架橋三件、林道工事、小学校や幼稚園の改修整備、水防能力にも重点をおいた消防力の強化、汚物塵埃等の衛生環境施設、果樹植栽、酪農の振興、企業誘致等、多岐に亘るが、八景中学運動場建設にあたっては、光秋の関係するブルドーザー工事㈱が、破格の安値で協力した。

ただ、役場の連中を悩ましたのは、常次郎の早出であった。誰よりも早く、開庁の一時間前にはやって来て、机の前に坐ってござる。家を出る時には、家の者は七つ道具をご用意。煙草にパイプ、ライターに日本手拭、塵紙に眼鏡と生卵が二つ、この卵は出がけに呑んで行くのが日課であった。

ところが、出かけて暫くすると役場から使いがやってくる。口上は大概決まっている。

「象牙のパイプを忘れて居られませんか」

役場の連中もこれには閉口したことであろう。他にも常次郎は二度三度と帰ってきては、生卵を二つずつ呑んでゆく。常次郎元気の源であったのであろう。元気の良いのは誠に結構であるが、常次郎の女好きは依然たるものであった。

あえなく落選、無聊を託つ

町の為には結構な仕事をしながら、昭和二十九年、二期目の町長選にはあっさり落選してしまう。相手は三田で唯一衆議院議員の二世大西信中であったが、総ては女故である。

終戦間もない頃であるから、国と言わず地方と言わず、料亭政治は大流行。ご多分に洩れず常次郎も縄手の料亭、二条を愛用した。そしてそこの仲居に手をつける。お決まりのコースである。こんな事が町民の噂にならぬ筈が無い。そして仕事は出来ても、こんな怪しからぬ町長は駄目だという訳で、あえなく落選という次第と相成ったのである。

時に常次郎、七十才の古稀であった。

以降常次郎は、社会的には第一線の仕事からは退き、名誉職或いはボランティア的な仕事に余生を過した。些か無聊を託つあまり、お寺の坊さんになりたいなどと言い出したのもこの頃である。

賞状のこと

事のついでに、その足跡を偲ぶ縁として、常次郎が貰った各種賞状の類を、あらかた列挙しておこう。

大正六年　監事推薦状　帝国理髪学校
　十四年　感謝状　姫路理髪講師会
　十五年　々　　全国理髪大会
昭和三年　表彰状　兵庫県理髪聯合会
　四年　感謝状　有馬郡理髪組合
　六年　々　　兵庫県理髪組合聯合会

八年　公共事業感謝状　三輪町長
十一年　感謝状　愛知県理髪聯合会
十二年　名誉顧問教育監推挙状　全日本理容講師同盟
十三年　水害義捐金感謝状　兵庫県理髪聯合会
十五年　感謝状　正覚寺
十五年　感謝状　三輪町戦友会
十六年　水道委員感謝状　三輪町長
十七年　感謝状　三輪町戦友会
十八年　褒状　兵庫県知事
（褒状とは恐れ入るが、これは三輪国民学校へ三百円の寄付に対し、褒めて取らすといった、官尊民卑の時代を感じさせる文面である、因みに当時校長給料は六、七十円か、米一升が約五十銭位である）
二十三年　民生委員委嘱状　厚生省・県
二十四年　司法保護委員感謝状　法務総裁
々　有馬母子相談員　兵庫県
二十五年　感謝状　有馬郡社会事業協会

〃　〃　伊勢神宮
二十六年　〃　兵庫県消防協会
〃　〃　日本赤十字社
二十七年　表彰状　理美容師法施行記念会
二十九年　感謝状　伊勢神宮
〃　〃　日本赤十字社
三十年　〃　兵庫県理容美容専門学校
三十一年　表彰状　兵庫県遺族会
〃　遺族会感謝状　三田町長
三十三年　感謝状　兵庫県理容美容学校
三十四年　〃　兵庫県理容環境衛生組合
三十五年　感謝状　正覚寺
三十八年　〃　三田市老人会連合会
四十三年　〃　兵庫県理容環境衛生組合
四十四年　信徒総代懇嘱状　総本山多聞寺
四十五年　感謝状　正覚寺
〃　〃　総本山知恩院

四十六年　表彰状　三輪地区区長代表
四十六年　感謝状　三田市長
四十八年　々　　　三田市老人会

世の中には各種感謝状の類を、掃いて捨てるほど貰っている人も多いことであろう。ただ、常次郎の場合、業界引退後十年、二十年経って、全く過去の人でありながら、尚業界から感謝状を贈られていることは、普通あまり考えられないことではなかろうか。

これぞ明治の餓鬼大将

ともあれ町長落選後は、いわば社会的にはご隠居の身分に相成ったが、肉体的にはまだまだ元気で、枯淡の境地には程遠い。

話は前後するが、常次郎八十八才の時、三田市水泳大会に赤褌で飛入り出場、超スローモーながら、無事五十メートルを泳ぎ切って満場を唖然たらしめた。勿論普段から水泳をやっていた訳ではない。大昔も大昔、餓鬼大将の頃自得した蛙泳ぎである。

事故でもあれば正に年寄りの冷や水と笑われるところ。しかし、ご本人は自信満々、満場の大拍手を浴びて、ご満悦であったに違いない。因みにこの時、陸海の率いる龍騎兵グループも優勝した。

その少し前、四十四年十一月、城山の下の道路で自動車事故にあった。ドライバーは吃驚して抱き起こしたらしいが、常次郎は、

「俺はまだ、自動車に撥ねられるほど耄碌していない」と言って帰してしまったらしい。

勿論そのドライバーはこれ幸いと飛んで行ったが、常次郎はその後脚腰の痛みで一月ほど入院した。明治の男ここに極まれりと、言うべきであろうか。

とにもかくにも金婚式

他にも艶聞逸話に事欠かないが、常次郎に比し体力的に拮抗し得なかったつねにとっては、誠に御し難い夫であったろう。当然つねの晩年は、精神的には甚だ淋しかった。

それでも昭和三十三年二月、当時としては結構珍しかった金婚式のお祝いに、神戸の長田神社で記念撮影をしている。多分県の祝賀行事に招待された際のものと思われるが、精気あたりを払う常次郎と、ややそっぽを向いているつねの写真が、最晩年の二人を象徴しているようにも見える。

つねが亡くなるのはその翌年、十月二十四日、七十四才と九ヶ月、実の兄弟姉妹六名の中では最も長生きであった。

もっとも、つねの父福雄源七は八十、母ぬいは七十四、祖父の吉六は七十七、祖母ますは九十四才と、昔にしては長寿の家系であったが、現在福雄を名乗るのは甥の勝次一家と、同じく甥の娘、みつ子一家のみで、残念ながら子孫大繁栄とは言えない。

常次郎念願の中川家は、満喜乃の三人の子供達が継いだが、泉下の常次郎は、この孫達に中川家の再興を願っているに違いない。そして、血統的には無縁ではあるため、常次郎とつねの二人が始祖とも言える泉家は、お陰様で頭数だけは隆盛である。

米寿の祝いと植林

その子孫の繁栄を願い、昭和四十六年四月十五日、米寿の祝いに際し常次郎は

和親協力　相互援助　是　共栄共楽　之基

と揮毫している。

既に視力が低下し、筆を握るには相当の努力を要したと思われるが、子々孫々お互いに、拳拳服膺《けんけんふくよう》すべきである。

常次郎はその気持ちの現れとして、昭和四十三年、香下の羽束山の中腹に一町歩ばかりの

山林を購入した。子や孫で組合を作り植林して欲しかったのである。

当初は、母方くまの遠縁に当たる香下の芝さんに頼んで、雑木の伐採から、杉の苗木の植林まで、一応の恰好はつけた。実際は常次郎が親しくしていた同年輩で又従兄弟（？）の延之介さん、その倅さんが面倒をみてくれたらしいが、その方も当時既に相当の年配で、次第に手入れも出来なくなった。勿論主体となる植林組合も作っていなかった。

かてて加えて木材不況、山は荒れ放題である。天然の雑木林はそれなりの自然形態で保水能力もあるが、人工林は手入れしなければ、せっかくの植樹も商品として育たないのは勿論、下草が生えないので土砂崩れの可能性もある。今では境界もはっきりせず、登るにも相当峻険で、些か持て余し気味の土地ではある。

おまけに遺産相続の手続きが放置されたままで、このまま経過すれば相続権利者は増えるばかり。これでは、常次郎の願いとは裏腹に、最後は子孫全員空しく、これを放棄する以外手はない。

そこで平成十三年、相続関係者の皆さんにも、色々経費や手間、暇、面倒をかけたが、漸く五郎が相続手続きを完了した。勿論相続しても、土地神話崩壊後の今日、財産価値としては無きに等しい。ただ、五郎にとって、常次郎から相続した遺産らしき遺産は、この山林だけなので、常次郎の遺志を何とか継承出来ないものかと願っている次第である。

それにしても、平成十二年度の固定資産評価額は、相続費用を遥かに下回る、九万九千五十四円である。これで税金でもかかってくるようになると、果してこのまま保有し続けることができるかどうかは、残念ながら保証の限りではない。

糟糠の妻つねの死

本書は標題の如く、話はどうしても社会的活動の目覚しかった常次郎のことに傾き勝ちであるが、常次郎の活動も、つねの内助の功なくしては語れない。

二六時中つねと喧嘩しながらも、この点、常次郎は内心深く糟糠の妻つねの努力に感謝していた。ただ、つねの方は、常次郎を男性として愛したのに、常次郎はつねに女性としての愛だけでなく、母性愛的な愛をも求めようとした。

継母に育てられ不幸な幼少期を過した常次郎は、内心ではつねに甘えたかったのである。そうかと言って明治の男常次郎は、素振りとしてもそんな態度を示すことは出来なかった。かりそめにも女房に胡麻を摺ったり、ご機嫌をとったりなど、常次郎にはとんでもない話であった。

つねも何とかその心情を理解できればよかったのにと思うが、新婚の頃散髪屋云々で掛け違ったボタン同様、この溝は遂に埋まることはなかったようである。

常次郎には母性的ではなかったが、つねは子供達に対しては献身的な愛情の持ち主であった。常次郎も結婚当初の貧乏生活に耐えながら、幾多の苦難を乗越え、つねが家事と育児に尽した功績を称えて、正に糟糠の妻と賞賛を惜しまない。つねは前世に、よほどの徳を積んで生まれてきたものだろう、とも記している。

そしてつねの死後いつもの勤行には、来世も幸多かれと、つねの戒名、秋月院心誉常光智照大姉を唱えることを忘れなかった。一つには昭和三十一年、きくゑが急死した時に、つねが子供には罪はないと言って、安代、久代の二人を快く受け入れてくれたことに感謝していたのであろう。

それでもつねが臨終の際には、常次郎に看取られることを嫌がった。手痛い竹篦《しっぺ》返しであったろうか、つねは陸海の腕に抱かれて息を引き取った。つねの死に流石の常次郎も涙を見せたそうであるが、極楽浄土では何とか、仲良くしていて欲しいものである。

三十四年十月二十三日、母危篤の報せに、大急ぎで千葉から駈け付けた五郎であったが、未だ新幹線も開通していなかった当時のこと、残念ながら母つねの臨終には間に合わなかった。しかし、その死顔が誠に穏やかであったのには、ほっとした。

出棺前、菊の花に囲まれた母の姿を、前の三好の写真屋に撮影してもらった。当時、大判のカラー写真は大変貴重品であったが、残念ながら既に色褪せてしまった。やはり安直な物はそれだけのことしかない。

つねの亡くなった頃、三輪には未だ火葬の施設が無かった。高次の墓地に土葬されたが、翌三十五年の秋、墓所を改修のため掘り返した。遺体は既に土に還り、茶褐色にくすんだ遺骨を改めて埋葬し直した。些か感無量のものがあったが、天寿を全うしたとも思える母の遺骨にさえこれだけの感慨を覚えるのであるから、未だ遺骨も帰らぬ戦没者の遺族は誠に気の毒である。

常雄の場合、戦争末期の二十年三月とは言いながら、未だ戦火のおよばぬ満州の陸軍病院での戦病死にも拘わらず、帰ってきたのは僅かな遺髪のみとは痛恨の極みである。

つねと末孫達

話が横道に逸れたが、数多い孫達の中で、つねにとっては、遠く離れていたので五郎の子供達とは一番馴染みが少ない。五郎はつねの元気なうちにと考え、没年の夏には二人の孫、長男の和光と長女の千尋を伴い帰省、つねに会せておいた。沢山の孫の中で残念ながら、五郎の次男達洋だけが生前のつねに出会っていない。

和光が生まれる時には、一ヶ月程お産の面倒をみに来てくれた。勘違いがあったのか、来るのが少々早過ぎて、結局産後一週間で三田に帰らざるを得なかった。初産の才子が実の父母を亡くしていたのを気遣ってのことであった。

つねの思い出

戦後、核家族化が進んできたので、大勢の孫達も、祖父母の思い出が稀薄であろう。つねの産んだ十一人の子供も、今や三人の老爺ばかりになってしまった。

つねが子供達に注いだ愛情についての思い出は、兄弟姉妹それぞれに違うであろうが、五郎にとって今一番の残念なことは、母からの手紙を全部焼き捨ててしまったことである。その手紙というのは、便箋に平仮名鉛筆書きのたどたどしいものであったが、海軍時代に母から届いたものである。

軍人、それも名誉ある海軍将校たるべき身としては、何れ戦死は当然のこととして覚悟はしていたものの、差し迫って身の危険の無い教育期間であっても、母からの手紙は最高の楽しみであった。昔の軍隊の厳しさなど、今の時代の人間には到底判る術もないが、理不尽な鉄拳制裁なども日常茶飯事。それだけに母の優しい言葉は、たどたどしい文章であるだけに、余計に身に沁みるのである。

これらの手紙は総て、丁寧にスクラップブックに貼り、大事に保管しておいた。しかし、敗戦になって無事復員してみると、死を覚悟していた筈の軍人さんが、このような物を大事にしていたのかと思われるのが如何にも照れ臭く、その他の機密文書と共に、全部焼却処分してしまった。

勿論、終戦直後は進駐軍によって、一般将校に対する戦争責任まで追及されるかもしれないと、まことしやかに噂された事もあった。上司からも一切の関係書類焼却を命じられていた。今から考えると、そんな馬鹿なと、考えられるかもしれないが、如何なる事で累が及ぶやもしれないと思い、日記帳まで全部焼いてしまった。誠に残念至極である。

燃してしまったので、当時の文面などは詳らかではない。しかし、内容としては「身体を大事にせよ」とか「神仏に無事を祈っている」とか、「又会える日を楽しみにしている」とか、人から見れば他愛もないありふれた文句であっても、当時は何物にも代え難い宝物であった。

常次郎も子供に対するつねの愛情の深さには感心し、自分には愛情を示さなかったが、その分余計に子供たちには愛を注いだと、多少焼餅を焼いている。

そう言えば、中学生になると、武道の寒稽古というのがあった。冬の最中、早朝といっても未だ外は真っ暗な六時から稽古が始まる。家を出るのは五時過ぎである。炊事道具一つとってみても、今のように便利なガスや電化製品もない。お粥を温めるだけでもなかなか面倒であったが、厳冬の最中、本人も辛かったが、母はそれ以上に大変だった。今日はマラソンがあるといえば生卵を、柔道の試合があるといえば牛乳等と、当時としては相当な貴重品を用意してくれた。

母の愛情が子供心にも嬉しかったことを思い出すが、子供は一人ではない。十一人の子供には皆同じように面倒をみたに違いない。


つねの資性の一つに公平さというのがあった。大勢の子供だったから、依怙贔屓をしないのも大きな愛情の一つであった。

ただ陸海がヨチヨチ歩きの頃、常次郎とつねは陸海だけを連れて、旧婚旅行に出掛けた。当時の写真を見ると日光方面のようであったが、その留守の間は重太郎に抱かれて寝た覚えがある。二人が出掛ける時には少々拗ねたような気もするが、陸海を置いて行くには少々幼過ぎた。

そう言えば、結構子供連れの旅もしたのであろう。高野山麓の宿屋に泊り、初めて白い蚊帳に寝たこと。その時ケーブルカーにも初めて乗って嬉しかったこと。神戸沖での観艦式を見るため、早朝未だ夜も明けぬうちに出発、六甲山頂までハイヤーで行ったことなど、楽しい思い出も多い。

昭和の初めには、三田でも駅前に二、三台のタクシーが常駐していた。その時の車は、後部座席の前側に向かい合って折畳式補助椅子があり、定員など無視して乗れるだけ乗って行ったと思われる。当時ハイヤーで六甲へ登るなどよくよくの事で、それだけ観艦式が、大変な行事であったとも言える。恐らくそれは昭和五年十月の観艦式の時のことである。

お袋の味

そんなことより、いくら年をとっても懐かしいのは「お袋の味」である。コンビニで買ってくる「袋の味」ではない。

何が美味しかったかと言われれば、先ずは牡丹餅の味が天下一品、今でもこんな牡丹餅にはお目にかかれない。鮮やかな手付きでご飯に餡子を被せ、盤台に並べてゆくのを生唾のみながら眺めている。そんな子供の姿はちょうど、お預けを食っているわんちゃんそっくりであったろうか。餅米を選ぶのは勿論、小豆は北海道の粒選りを吟味、餡と餅米と甘味との絶妙のバランス、もう一度味わってみたいものである。

昆布の佃煮、これも又絶品であった。一つは播磨灘の小海老との佃煮、正に垂涎ものである。そして秋には三田名産の松茸昆布！　海老の佃煮の方は、今でも殆ど市販品を見ない。母の歿後はかづが、時たまつね譲りの珍味を送ってくれたが、それも望めなくなった。

松茸昆布は、今も三田名産として有名である。しかし、私に言わせれば、あんな物は三田名産じゃない。松茸が採れなくなったから、やむを得ないということもあるが、松茸以外に昆布の味が違う。日高か利尻かとにかく最高の昆布が、固からず柔らかからず、甘からず辛からず、幾ら食べても食べ飽きない。

お正月には丹波の黒豆、この豆はつねが態々丹波の国領まで買出しに行くほどの凝り様であった。最近丹波の黒豆は全国に行き渡って有名である。しかし、狭い丹波の山国で全国に行き渡るほどの豆の採れる訳が無い。恐らく産地は別の処で、丹波産の種豆から採れたというだけのものであろう。

その他おせち料理では何と言っても鰤の照り焼き、勿論能登の寒鰤である。山国の子供は概して海の魚をあまり好まないと思われるが、私の場合もそうであった。しかしお正月のこの鰤だけは待遠しかった。

もっとも妻鹿育ちのつねは、魚といえば鯛、鯛が一番なのである。私は鰤の方が美味しいと言っても、つねは「腐っても鯛！　鯛が一番美味しい」と言っていた。子供の頃、妻鹿に行くと、朝から鯛や平目などのお造りが出される。今から思えば勿体ない話であるが、そのころは閉口した。

昔の三田は名実ともに山の中の盆地であった。時々ボテ振りが「いわしエーエ、いわし、とれたてのエーエいわし」と掛け声を掛けながら売りに来たが、今から考えるとあまり獲れたての品物ではない。保冷手段の貧かった昔のこと、つねも普段はそんなに魚料理に励んだ訳ではなかった。

勿論、普段最高のご馳走はすき焼である。お肉を買っておいでと言われて、辻前の肉屋へお使いに行く時は、現金なもので、子供心にもいそいそと出掛けた。買うのは大体、ロース百匁単位である。百匁というと三七五グラムであるから、すき焼には充分と思われるかもしれないが、何しろ家族が多いから、「お肉ばかり食べないで、お野菜も食べなさい」と言われるのが残念であった。

海軍時代、休暇で帰省した時には、肉ばっかりのステーキに大いにご満悦であった。勿論、三田の人間にとって、世界で一番美味いのは三田牛である。しかし冬の寒い晩など、稀には豚の水炊きも珍味であった。

稀にしか食べない時には、豚もなかなか美味いと思っていたが、戦後東京や、千葉に住むようになって、肉といえば豚ばかり。美味い牛肉は高嶺の花であったが、最近やっと千葉でも三田牛にお目にかかれるようになった。

食道楽という点では、つねも常次郎も贅沢に育った訳でもないのに、二人とも少々味にはうるさかった。果物で美味い物と言えば妻鹿の真桑瓜、今はプリンスメロンと称されて何所でも売られている。しかし昔は三田などではあまり見当たらず、時たま妻鹿から到来したこの味は、今の物とは濃厚さが全然違うような気がする。

押しなべて、果物と言わず野菜と言わず、戦後のものは、見た目は良いが、味に深みがない。魚も養殖物はどうしても嫌味が残る。神様から見れば、人間も同じようなものかもしれない。

それはそれとして、つねの料理は甚だ手早かった。普段から大人数の所帯を切り回してきた故であろう。漬物もレパートリーの一つであったが正に糟糠の妻の所以か。もっともつねは淡白な味、常次郎はやや濃厚な味とこの点でも、しょっちゅう揉めていた。身体を動かすことの多い常次郎と、華奢なつねとでは体質的にもやむを得なかったのであろう。

手早いと言えば、つねの編物はなかなかのものであった。手袋靴下の他に、子供心にも母の手編みのセーターは恰好よく、些か得意気に着ていたが、編目が少々粗かったのか、風の日には一寸寒かった。

洋裁など習った筈はないのに、当時シンガーミシンが二階に置いてあった。つねも結構新し物好きのハイカラさんのようであった。

食道楽に着道楽

着物について言えば、昔は反物の洗い張りから仕立てまで、大概は自分の家でやったものだ。呉服屋が家にやってきて、巻いた反物をさっと畳の上に投げ転がして拡げる。その手付きの鮮やかさに子供ながらに感心して見とれていた。時には近所の小母さんたちも集まって、地味だの派手だのと、かしましいことであった。余所行きの母の姿は晴れがましく、普段と違い、匂い立つお香の馨りにうっとりしたものだ。

食道楽に着道楽、この点二人は結構気が合ったようである。

「衣は一代、住は二代、食は三代」という諺がある。衣装は金さえ出来れば一代でも立派な物を身に付けること出来る。しかし、本当に立派な住居は二代続いて繁盛しなければ造れない。ところが本当の食べ物の味は、三代続いて贅沢しないと判らないというのである。

昔、或る人が、味について色々講釈する五郎の話に、「お前は相当贅沢に育ったんだろう」と感心されたことがある。しかし、味覚は必ずしも前述の諺通りではない。味覚も五感の一種で、天性によるところが多い。

もっとも、常次郎は味にうるさい反面、味が判るのは必ずしも自慢するほどの事ではないと言っていた。味盲目は何を食べても美味しいが、なまじ味が判ると称する人間は、美味しいだの不味いだの、生かされていることに感謝しない。これも誠にその通りである。

「知足安分、吾唯知足」というのも常次郎の生活信条の一つであった。

ただ、風格のある住居は、よほどの人でないと、なかなか一代や二代で造るのは難しいように感じられる。

晩年城山での寓居

昭和四十三年、光秋が道場河原の城山に、父の為に屋敷を用意した。そこはその名の如く、小さいながらもれっきとした城跡である。小高い丘で、昔松原城とも蒲公英《たんぽぽ》城とも呼ばれたことがあるらしい。

当然由緒ある場所で、周辺には一般民家もあったが、丘の片方には小さな祠もあった。下の街道には道場の街並みが連なり、遥か南には六甲の山並が望見された。常次郎の最晩年は此処に寓居を構えることとなる。

そして常次郎の伝えるところによれば、この城は戦国の昔、ご先祖中川家の一族が、攻略したとの由である。当時、摂津茨木の武将、中川瀬兵衛清秀が一族の頭目で、その清秀は賤ケ岳の合戦で戦死、後に子孫が移封されたのが、滝廉太郎「荒城の月」で有名な豊後竹田の岡城である。同じ摂津で伊丹と茨木は至って近い。同じ中川を名乗っていたからには、多少の縁があったかもしれないが、いずれにせよ遠い昔話で確かめる術は無い。

その中川清秀の孫が竹田に移封された史実等は当時知る由もなく、偶々筆者は妻と共に平成三年晩春、この岡城を訪ねた。山上の城跡は寂として人影もなく、何故か我が老春の感傷をそそられた。廃墟残塁、古岩苔むして、古の栄華を偲ぶ術さらに無く、閑話、一篇の詩賦はその際の思い出である。

荒城春愁

春は玉杯　花の露
秋　霜白き　月影に
栄枯《えいこ》の移《うつ》ろい　詠《うた》いける
岡の城跡　訪ぬれば
多感の青春《はる》は　去りぬれど
想いは遠く　幾星霜《いくせいそう》

天主　櫓も　うせ果てて
夢むすびけん　つわものや
宴《うたげ》に舞いし　姫御前《ひめごぜ》の
姿いづこぞ　更になし
梢《こずえ》を渡る　松風の
爽《さや》かに薫る　静けさよ

盛者必衰《しょうじゃひっすい》　世の定め
塁壁空《るいへきむな》しや　峨々《がが》として
弓張月《ゆみはりづき》の　弧《こ》を描く
頂《いただき》　立ちて　眺むれば
谷千仞《たにせんじん》の　底暗く
苔《こけ》むす岩の声すなり

非情の戦国　民悲し
築城の命　厳《げん》として
苦役《くえき》の肩に　磐石《ばんじゃく》の
骨をも砕《くだ》く　重みをば
血涙《けつるい》共に　担《にな》いしや
今春草《はるくさ》の　生《お》い茂る

話は少々逸れたが、この城山は敷地も広く、年輪を重ねた松の巨木に囲まれ、庭の造りも見事であったが、部落の共有地の為、借地であった。常次郎の隠居所は小さいながらも木造であったが、母屋である陸海達の住居はプレハブであって、全体としては残念ながら風格溢れる住居とは言い難かった。もっとも、住宅は便利さと快適さが優先される時代になってくると、残念ながら「住は二代」という諺も少々色褪せてくるかもしれない。

その離れである隠居所に常次郎は三田市民泉常次郎寓居の表札を掲げていた。同じ有馬郡で目と鼻の先の道場町が、神戸に合併されたのに釈然としないものがあったのか。それほど三輪三田を愛していたとも言える。

常次郎が最後まで続けた仕事は、三田市よろず相談室長。城山から電車で二駅、三田本町で下車して市役所まで、一五〇〇メートル程を歩いて出掛けた。老後の暇つぶしには持って来いの仕事であった。役に立ったか、立たなかったかは別にして、市民の良き相談相手であったようである。

念願達成！　長寿番付の横綱

昭和五十二年、敬老の日にあわせ、三田市の長寿番付が発表された。それに依れば堂々男子の最長寿に常次郎の名が記されている。その際、常次郎にインタビューした記事が地元六甲タイムスに掲載されている。以下、その記事の全文を転載する。

・・　・・　・・

泉常次郎翁（九三才）、お住まいは道場川原城山、その前日（八日）に「ご在宅ですか」とお電話したら「今日は神戸へ八甲田山の映画を見に行きました…」それで九日早朝六時に道場へお伺いした。

朝の日課も済んで火鉢の前に坐っておられる。部屋の周辺は自作の額類も交えて、それこそ九十年の想い出の物ばかりで飾られている。昨日は八甲田山「はっこうだやま」の映画鑑賞だったそうで、その感想はどうでした。

君、「ハッコウダサン」と呼ぶのだよ。あの事件は日露戦争の直前に起きた事件で、仮想敵国はロシヤ、厳寒の地で戦われること、それに備えての耐寒訓練が二百何十名という兵隊を死に追いやった。その当時に既に私は青年期、事件の顛末はすべて知っている。のぞきからくりなども八甲田山事件を取材してとても国民の士気を高めたものです。

昔の軍隊はきびしい所で、私も明治三七年十二月に補充兵として召集されました。隣にいた戦友が教練中に石につまづいてこけて鉄砲を投げ出した。これを見つけて中隊長からきびしい叱責、馬上からその戦友に「以後こけること相ならん」と命令され、罪にならずに済んだのでやれやれと思いました。

これほどの厳しさはなくとも、今日の時代にはもう少し厳しいものがほしいですね。若い者たちがなってない、もっときびしく小学校時代の基礎教育が必要だ。みんなが報恩の精神に欠けている。

一粒の米といえども僅かな金で買えば自分のものと思っている。そうではないよ、それまでには多数の人が手がけた苦労の結晶、これを忘れてしまっている。

靖国神社にしても国で祭るということに誰が不服を唱えるのだといいたい。世の中で感謝の気持ちを失くしてしまっては世の末だ、私はそのようなことが情けない。

こうして私は一人で独立の部屋に居るが、一切の戸締りはしない。それはいざの場合に外から入れないようなことは困るし、また泥棒さんに欲しいものがあればいくらでも持ち帰って下さい、それならお役に立つだろうが焼いてしまっては元も子も失くなってしまう。物は人のため役立ってこそ役目が果たせたということだ、これで戸締まりなどはいたしません。

三田に私と同年者がいまお二人居られると聞いています。先日は大原青原寺の田中さんを訪ねました。私の方が三ヵ月早く生まれているだけ、老僧もお達者で有難いと共に語り合ったのです。

そら君、この年だ、元気だ元気だといっても一年ごと年を重ねている、昨年よりも元気だなどのことはないよハハハハ。

このようにして昔ばなしが次から次へと飛び出て来る、現代の時代に対するご批判もあるなど意気軒昂のありさま、それこそミジンの狂いもないお元気さであった。

部屋からは六甲連峰が手に取るように見える、息子さんの三田のお店にも月に五、六回も出て来られるというお達者ぶり、いつも駅前附近を歩かれている姿では、この方が満九三才と五ヵ月、数え九四才のご老体で、三田市男子組の筆頭者であるなど、それはみんなが知らないのではないかと。

駅前を颯爽と歩かれている泉常次郎翁、この人が三田市男子長寿番付の横綱であるということを知ると共に、このお達者ぶりには誰しもあやかりたいものである。

「家代岡、このダルマを坐右の銘として誰おそることない正道を歩め…」こう諭しながら、別掲の無畏と揮毫した色紙を下さった。

それではますますお元気で…体には気をつけて下さいと挨拶して辞去したのであった。

・・・・・・

この執筆者は同紙の家代岡巳義社長で、親子ほど年は違うが、常次郎とも懇意であった。この少し前の昭和四十八年、同じく六甲タイムスの「この人に聞く」というコラムに常次郎の談話を十回に亘り連載。内容的には本書と共通する部分も多いが、他にも常次郎は度々紙面に登場、如何にローカル紙と言いながら、常次郎に対しては、なかなか好意的であった。

冥土の土産に勲六等

昭和五十二年、常次郎にとってはもう一つ、大変嬉しいことがあった。それは、この年の秋の叙勲に、多年の願望が遂に達成されたのである。

戦後叙勲制度は大きく変わり、よほど特別の行事でもなければ、勲章などぶら下げて人前に出たら物笑いになるくらいである。しかし、明治の男常次郎には勲章は何より名誉あるものであった。戦前の組合活動を考えると、少なくとも勲五等くらいと高望みしていたのであるが、勲六等であった。

実は、それでも破格の扱いであった。と言うのも戦後の規定では、町長一期やその後のボランティア的な公職では到底叙勲の基準に達しない。叙勲の申請は本人の関係団体を経由して行い、しかも戦前の業績は一切これを無視するというのが原則であった。既に業界を離れて三十年以上、如何に高齢者という点を考慮しても無理な話であった。

こんな無理を通してくれたのが、鈴木脩という人である。五郎の海軍兵学校以来の無二の親友であり、そして千葉に居を構えることになったのも、彼のお陰である。弱冠三十二才で千葉市議に上位初当選するほどの政治力があったが、政界の汚濁に二度と立候補することはなかった。しかし、郷党の為に尽力し、一時は推されて副知事候補にという話もあったくらいで、常次郎とは千葉や三田でも何度か酒を酌み交わしたことがある。

その彼が、賞勲局の或る有力な人物に働きかけてくれたのである。この強力なコネのお陰で常次郎は、冥土の土産にこれ以上は無いというものを手にした。勲六等でも最高の旭日単光章である。

それよりも県からは秘書課長他一名、市からも助役打ち揃い、わざわざ自宅まで届けに来てくれたのは、本当に嬉しかったようである。よほど嬉しかったとみえて、常次郎は光秋に、「お前は勲五等を持っているか」と訊ねた。官尊民卑の昔であるから、現役士官であった光秋は、既に二十代半ばに勲五等を貰っていたが、せっかく喜んでいるのに水を差しては気の毒と思い、「いやいや持っていない」と返事したそうである。貰っていると返事したら、がっかりしたか、或いは逆に倅を見直したかは判らないが、とにかくこの勲章が、常次郎最後の晴れ姿を飾ることになる。

昭和五十三年七月一日、三田市制二十周年記念式典のことである。市制功労受賞者の代表としてこの演壇に立った常次郎は、孫文平の嫁道代の介添え付きながら、この勲章を胸にして、堂々たる謝辞を述べた。例の六甲タイムスは、あまりの元気さに出席者の感激を誘ったと報じている。そして常次郎が終焉を迎えるのはこの一月ばかり後である。

終焉・その大往生

かねてより常次郎は、自分が冥土に旅立つのは、母くまの命日三十一日か、父辰蔵の死んだ三日と決めていたそうである。そして事実、息を引取ったのは八月三日である。

実は流石の常次郎もこの夏の初め頃より、大分体調を崩していた。もともと腸の具合は必ずしも良好とは言えない体質で、かねてより体格に比較して、自分の腸は長すぎるらしいとこぼしていた。その傾向は子供にも当然遺伝し、健治も腸疾、五郎も五十才の頃、直腸を七センチほど切除手術。その後は、あまり下痢などしなくなり、随分健康になったが、常次郎は人生の終幕で腸の具合に悩まされた。特に体力の低下により、右半身が思うに任せぬようになってからは失禁の恐れにも悩まされた。

しかし、気力だけは最後まで衰えなかった。明治の気力が人手を煩わすことを恥と考えたのであろう。

七月十二日、常次郎が大分弱ってきたという陸海からの電話で、急遽帰省した五郎は常次郎と入浴を共にした。やむなく手を取られてはいるが、本人は自力で総てを行いたいという様子がありありと感じられた。

つねの場合もそうであつたが、常次郎老後の面倒を最後までみたのは、陸海の妻すが子である。自分自身がリュウマチに悩みながらも、店の経理と尚且つ、義父の世話まで大変であったろうと感謝している。しかし常次郎も最後まで自分のことは自分でやろうとしたらしく、すが子もその姿に感動したと言っている。

常次郎の最後は衰えゆく肉体と毅然たる精神との戦いであった。食事を受けつけなくなって、肉体は衰える一方だったが、頭脳は最後まで冴えわたった。骸骨に皮を被せたと言ってもよいくらいに痩せ衰えても、枕元での我々の話が判るらしく、時にはにやっと笑うこともあった。

そして予告通り父辰蔵の命日、八月三日午前二時ちょうど、眠るが如く大往生を遂げた。

惜別のうねり

七月一日の記念式典での元気な常次郎の勲章姿が、六甲タイムスに報じられたくらいだから、近隣の人もまさか常次郎が衰弱しているとは誰一人思わなかった。しかし、有難いことに、巷間常次郎危しの報が伝わると、期せずして多くの人々が動き出した。そして、特に駅前区民の中から「泉翁を偲ぶ」という小冊子でも作ろうという提案がなされた。

これは確かに名案だ。既に常次郎から「駅前今昔物語」という自筆の記録を貰っているが、この中には誰もが教訓としなければならないことも記録されている。常次郎のことを多くの人に知ってもらうにはこれが一番だ、と駅前区長の花谷武が考えた。そこで白羽の矢を立てたのが、六甲タイムス家代岡社長である。常次郎が死ぬ僅か旬日余り前である。

勿論家代岡は快諾した。そして出来上がったのが「一世の快男児泉常次郎翁を偲ぶ」という小冊子である。いくら文筆が本業であるとはいえ、忙しい社業の合間を縫って、原稿用紙数十枚もの伝記物を書き上げるのは、並大抵のことではない。かねて懇意の間柄、自分自身もこの企画に大いに賛同し、常次郎に親愛の情を抱いていた家代岡なればこそ書き上げる事が出来たと言えよう。

執筆僅か十日余り、これを編集製本して八月四日の葬儀に際し、駅前区から参列者に配布された。遺族としては感謝の言葉が見当たらない。


葬儀は花谷武区長が委員長、駅前区葬として執り行われた。八月四日午前十時、酷暑の最中であったが、参会者は会場となった花谷家所有の広い駐車場を埋め尽くし、更に、樒《しきみ》、花輪の類と共に駅前通りにまで溢れるほどの盛儀であった。

多くの弔辞弔電が寄せられたが、地元花谷武、大涯池操の二人の弔辞は故人に対する敬愛の情感に満ち、参会者に多大の感銘を与えた。葬儀の模様は勿論六甲タイムスに、大きく紙面を割いて詳報されたが、県紙神戸新聞にも、「上水道の父・元三輪町長」としてその死去が報ぜられた。水道事業に心血を注いだ常次郎には、格好の追悼句であった。

常次郎の信念

人生とは、久遠の祖先より無限の子孫に伝わる鎖の一環である。その一環々々こそが大事であって、子孫は祖先の長を活かし、短を補ってこそ、人生に意義がある。処世とは、祖先と子孫の為に自己を犠牲にすることで、己の犠牲を忘れ、他からの犠牲のみを得ようとするものは必ず滅びる。人間又然り。この理を如実に行っているのは植物である。人間は万物の霊長などと威張っているが、植物が行っているこの尊い生態を見習わなければならない。

親の因が必ずしも果として子に報いられるとは限らないが、しかしそれは何らかの形で後の世代に報いられる。過去、現在、未来と三世に亘る因縁果の仏の教えこそが人生真実最高の指針である。この様に考えた常次郎の信仰に迷いはなかった。

その信条を縷々解説することは即ち仏教を説くに等しいので、とても我が手に負えるものではない。しかし、近代科学が森羅万象、微に入り細に亘って探求し、或いは地底から天空の果てまで、そして無限の過去から永遠の未来に向って、究極の真理を探求しようとしているが、その成果は既に抽象的に述べられた仏説を実証しているに過ぎない、と、私には感じられる。

改めて父母の冥福を祈りつつ筆を措くにあたり、常次郎が自らも座右の銘とし、そしてまた、子々孫々にも信奉することを願った数々の言葉の中から、幾つかを選んで巻末に掲記する。

我が心　鏡にかけて　見るなれば
　さぞや姿の　醜かるらん

目に見えぬ　仏心に　かようこそ
　人の心の　誠なりけり

ローマは一朝にして成らず
　艱難汝を玉にす

憂きことの　尚この上に　積れかし
　限りある身の　力試さん

平成十三年八月三日

附記

発会式における祝辞
山脇延吉県会議長

私は本日この盛大なる発会式にお招きを受けまして誠に欣幸とするものであります。

今朝、東京からこちらへ帰りまして会場の様子を伺いましたが、私は本日の会合が斯くの如き盛大なる会合であろうという事を予想致して居りません。為に実に驚いて居る様な次第であります。

先刻、衆議院議員砂田重政先生の御話しがありました通り、現在理髪営業者各位の、御自覚御発奮の顕著なることは、実に一般の驚いて居る次第であります。

殊に本日此の発会式は、斯くの如く盛大に、而も秩序正しく挙行せられると云う事は、只に理髪業者の為に慶賀すべきのみならず、県下のあらゆる同業組合に向って、一の模範を示すに足ると思っているのであります。

従来警察部に於いては警察職権を持って取締る所のあらゆる職業がありますが、私は多年一つの疑を抱いて居ったのであります。

之は取締る必要があって取締るのか、取締らなければならん様な欠陥があるのか、又必要なきに拘わらず、法の運用を誤って妄《みだ》りに取締るのであるか、之を疑って居るのであります。

これは或は両方に欠陥があったことかとも思います。

取締を受ける当業者が、自身の業務に対する自覚が足らない場合や、取締の任に在る当局が、取締るべき業務に対する理解が充分でないときは、其の業者に対する法の運用が円滑に行われる筈がない。

即ち両方に欠陥がある為に、今日迄の経過を見たのではないであろうかと思います。

私は此の発会式の光景を拝見致しまして、今後当局に於いても之等の業務に対する取締りの上に、一大刷新を為すべきものがあるかと信じて居るのであります。

又斯の如き組合員の非常の発奮と自覚とに依りまして、技能の上に於いても或は設備の上に於いても、大なる改善を施される以上は、之に対する報酬の途―報酬の上に於いても、相当の途を講ずべきは当然であると思うのであります。

他の業界に比較致しまして、この理髪業者たる所の収入が、果して正当たり得るものか否や、是等も大いに当局の御考えを願い、又各位の団結の力に依り接衝宜しきを得まして、中正を得なければならぬと考えて居るのであります。

これは決して皆さんに御上手を言うものでもなければ、又当局に当るものでもないのであります。

何故なれば、今日東京に参りますと大工職が、ざっと八時間働きまして、一人前六円乃至七円の収入を得て居るのであります。

又自動車の運転手が相当高い金を得て居るものもあります。

然るに独り理髪業に従事される方におきましては、場合に依っては未明から起き、夜は殆ど十二時まで働いて居られる。

之は社会の状態が斯くの如き不規則なる境遇を、諸君に与えられるのか知りませんけれども、斯く働かなければならぬ当業者が、それに適合するだけの収入があるや否や、是等は宜しく団体の力に依りまして、一面に於いて技能及び業務の改善を図ると共に、外に向って適当なる程度の収入を要求せられることは、決して私は無理からぬ事と思うのであります。

私は只今微力ながら県政に関係致して居るものであります。

各位や此の業務の関係の者は各地に居られますが、県下にも種々の土地がありまして、但馬の山奥もあれば神戸に於いても元町と云う所もある。

県下一様ではありません。宜しく其の土地に然るべき程度の料金の制定も宜しかろうと思いますが、此の席に於いても然る可く協議されるのも宜しいと思います。

是等は只に諸君等が嘆願すると云う意味ばかりでなく、県下あらゆる方面に接衝せられ了解を得て、協調の上で然るべく中正を得たる所を御選びになる様に、此の本日出来た聯合会の力に依りまして、御諮りになるのが適当でないかと思うのであります。

決して茲《ここ》に於いて私が媚るでも無ければ、御上手を云うのでもない。只密かに理髪業者の収入が、昨今の発奮に対して甚だ不平がある、という風に感じて居るので申上げたのであります。

併し、当局と皆様の前に来賓として列席の上で申上げるのが如何とも思いますけれども、之は私が茲に立って当局者と皆様の橋渡しをしたと見たなら、悪いことは無かろうかと思います。

この盛大なる発会式に御招きを受けまして、誠に喜んでの祝辞であるか何か分らないことを申しました。

之を以て祝辞に代えます。

注　東灘組合史より

大正十四年度事業の内請願事項として本会に対し、県費補助を請願したるところ、時恰も一般経済界状勢に因り、本県に於いても財政緊縮方針を採って居た為、各種団体の補助申請に対しては殆ど全部不採納になりたるに拘らず、特に本聯合会に対し県費五百円下付の議案を提出せられ、県会に於いて議決せられ、大正十五年度より県費五百円を補助される事に成れるは、前記県会議長山脇延吉氏の本会に対する絶大なる協力の賜として特記すべきであり。

当時業種団体への県費補助は異例であった。
後年県費補助二千円に増額され支那事変まで十三年間補助された。

同書掲載、常次郎の所信表明

国家は国民に権利を付与す、其の代償として義務を課す。否、実は権利を与うるが故に義務あるにあらずして、義務を果す者にはじめて権利を得るのである。

凡そ国家と謂わず社会と謂わず、かりそめにも一つの組織ある集団には、必然的に此の事は伴うのであります。義務なき権利はあたかも、画餅に頼って腹を満たさんとするの愚と選ぶ処はないのであります。

然かるに今若し、斯様な愚物の多い国家社会がありとすれば、それは如何に外観の美を備え、立派に見えても、殆ど桃の節句に於ける内裏雛と同様、何の役にもたたない偶像の集団で、一つの飾りものに過ぎません。何の働きをもなし得ないのであります。

又一面、何れの国家何れの社会何れの団体と雖も、其設立の素志とか意義とかは、必ず其の団体以外の者と競って、最も優秀なる地位を得んとする手段に、外ならんのであります。

然かるに若し、其の団体に権利のみを知って、義務の果すべきを知らない者が多いとすれば、如何にして此の団体の維持発達を遂げる事が出来るでしょうか。又其の設立の意義は何れにあるのでありましょうか。斯様な者は実にくだらない厄介者であります。

今是れを我が聯合会の上にあてはめて考えて見ましても、そうであります。

此の聯合会を創るに際して、あらかじめ会員の権利と云うものが、別の処に備え付けてあったのでは勿論ありません。それは皆会員諸氏が、入会の義務を認められて入会されたから初めて、聯合会員としての一つの権利を得られたのであります。云い変えて見れば、聯合会とは個々にある権利義務を、多数の者と一つにして、其の権利義務の拡張を計ろうとする機関に外ならんのであります。

現に我が聯合会創立後僅々二ヶ年に過ぎませんが、従来各自の力だけでは到底達しられなかったのが、此の団体の力に依って遂行された事柄が、多々あるのであります。それは何が然らしめたかと云う迄もなく、会員諸氏が各自の義務を認められ、一致協力されたからの事であります。

既往に於いて斯くの如く、将来に於いても亦、斯くあらねばならんのであります。否将来益々、より以上に進展しなければならんのであります。

然るに近頃寄々に矛盾の現象を見聞する事があります。

たとえば、自分の組合が何事かの希望を持って居る、それを一回聯合会の方へ申出る。然るに何かの都合で其の目的が達せられないとすると、直ぐ聯合会の無能を称え、不用のものだとされる。一回の要求に依って其の目的に副う事の出来なかった事は、気の毒には相違ないが、然かもそれに依って直に、無能不要とするは余りに早計であり、且つ無理解な話であります。又自己の義務を余りに軽視した仕方であります。

何となれば聯合会は諸氏の義務の結晶であるから、是れを無能ならしむるも有能ならしむるも、ひとえに諸氏の力の入れ方如何にある訳で、諸氏を除いて聯合会は無いのであります。若し聯合会が無能であるなれば、それは即ち諸氏が無能なのであります。即ち聯合会をして有能ならしむべく、努力を致さないからであります。聯合会を有能ならしむる努力とは、即ち各自の義務の遂果であります。

又一例を申して見ますれば、或る一会員が会費の滞納をして居ると云う事を知った、或る一人がありとすると、誰れ彼れは会費の滞納をして居るが、彼れがそれで済むなれば、乃公《だいこう》も会費を掛けまいなどと云う人がある様ですが、それでは余りに義務を知らない考えであります。若し左様な人がありとすれば、会費の負担は会員の義務の一部である事を知らしむべく、努力されるのが会員の義務を知る人の務めであります。

是れは余りに卑近な例で、皆様に礼を失した云い方かも知れませんが、私の聯合会を思うの余り赤心より出た引例でありますから、悪しからず御了解を願います。

兎に角我が聯合会も、若し斯様な傾向が勢をしめると云う事になれば、前述の雛人形と同様、厳めしい形骸を存するに過ない、無用の長物となる外ないのでありますから、将来益々其の存在に意義あらしむ可く、各自に御努力あらん事を切に希望する次第であります。
各自の努力とは、とりもなおさず義務の遂行であり、義務の遂行はやがて権利の主張となるのでありまして、義務ある権利は如何なる事をも遂行出来ないと云う事はない筈でありま
す。
私は過去の経験よりして此の事を深く信じると同時に、諸氏と共に益々其の権利の伸長をはかり度いと存じます。ここに誌上を借り、愚見を申述べて、諸氏の御賛同を乞う次第であります。

あとがき

平成十三年八月、両親最後の法要の折、常次郎一族に配った小冊子を製本することにした。この物語は、私の祖父辰蔵非業の死から始まる。実は我が家では、祖父辰蔵のことは何となくタブーであった。

父常次郎が語る辰蔵は不遇の英雄であった。父は常々、「天が辰蔵にもう十年二十年の余命を与えていれば、必ずや世の為人の為尽すことがあったに違いない」と言っていた。また、「辰蔵は自分では絶対に博打はやらなかったし、子分たちも何とか正業に就かせよう努力していた」とも言っていたが、事実は情けない最期であった。情けない最期ではあるが、全くの逆恨みで、相手の卑劣さのみが明白な事件であったことに一抹の諦めがある。

そして、母つねが歿したのは、昭和三十四年、父常次郎が歿したのは五十三年、現存する二人の息子もそれぞれに老境に達した。そこで、父母の最後の法要を営むにつき、その生涯を多少でも記録し、子孫の為に残しておきたいと考えていたが、問題は祖父辰蔵のことであった。

極道者の祖父であっても祖父は祖父。良かれ悪しかれ、その死について私は真実を調べてみようと考えた。そこで私は国会図書館等で調査をしたが、遂に解明できなかった。しかし、平成十一年八月、時を同じうして地元神戸での調査をしていた弟陸海が、神戸又新日報の記事を発見、遂に詳しい事情が判明した次第である。

父祖の恥辱を敢えて記録に残すのは、子々孫々、自らの戒めとして欲しいが為に他ならない。辰蔵はまさに衰亡せんとした中川の家系で、最後の反面教師的存在であったとも考えられる。豪気よし、侠気またよし。しかし、子孫のものは幾許たりとも、粗暴放縦にして自律自戒できなかった辰蔵の血を、自らも享けていることに思いを致し、常次郎の願いに応えなければならない。

あとがきに添えて

泉　和光（泉　五郎の長男）

私にとって祖父常次郎は歴史そのものでした。中学校の頃だったと思いますが、生前の祖父の口から「日露戦争に行った時には…」という言葉を耳にした時に、「教科書の中にしか無かった『歴史』の時代に生きた人が今ここに居て、その時の話をしている。」と、驚きかつ不思議さを感じたことを思い出します。そんな『歴史』でもあった祖父でしたが、今回この本の原稿を読むことによって自分の先代として一層身近なものとなり、『歴史』の家系として今の自分があるのだと言うことを強く感じました。

父五郎がこの原稿を本にしたいと言い出したことを私の友人、ＷＡＶＥ出版の玉越直人氏に相談したことが、今回の出版の発端です。

私は、常次郎という一人の男が郷里三田で活躍する醍醐味に魅力を感じたのに対し、玉越氏は、常次郎の仕事に対する情熱や家族に対する愛情に出版の意義を感じたと、私とは違った面白さを見付けてくれて出版に賛同していただけました。

玉越氏と編集・制作を担当していただいた薫風社三橋初枝氏の多大なお力添えにより当初考えていたものよりも数段と素晴らしいものになり、こうして出版されることとなったのは感激の極みです。お二人をはじめ、ご尽力いただいた多くの皆様に深く感謝いたします。

「三田市民泉常次郎寓居」と表札をかけた城山の隠居所で水墨画を描く泉常次郎、92才。戦後も理容業界の発展に力を尽くし、最期まで「三田市よろず相談室長」を務めて、多くの市民の敬愛を集めた。

泉　五郎（いずみ　ごろう）

大正12年、兵庫県有馬郡三輪町（現　三田市）に泉常次郎・つねの五男として生まれる。終戦後千葉市中央区に移住し、酒販業を営む。著述を好み、旅行や会合の記録を随筆として卒業した海軍兵学校の同人誌に多数投稿していた。

天晴《あっぱ》れ! 常次郎《つねじろう》
明治男の仁・義・愛

2014年5月1日　第1版1刷発行

著　者　　泉　五郎
発行者　　玉越直人
発行所　　WAVE出版
〒102-0074　東京都千代田区九段南4−7−15
Tel:03-3261-3713　Fax:03-3261-3823
振替　00100-7-366376
E-mail:info@wave-publishers.co.jp
http://www.wave-publishers.co.jp
編集協力　薫風社
制　作　　武田夕子
印刷・製本　モリモト印刷

NDC916 238p 19cm　ISBN978-4-87290-689-9